清代宫廷
点翠首饰研究

阮卫萍　景闻　仇泰格　著

岭南美术出版社

中国·广州

图书在版编目（CIP）数据

清代宫廷点翠首饰研究/阮卫萍，景闻，仇泰格著.
广州：岭南美术出版社，2025.7.--ISBN 978-7-5362-
6680-3

Ⅰ.K875.24

中国国家版本馆CIP数据核字第2025P9R929号

出 版 人：	刘子如
责任编辑：	李　斌
助理编辑：	邵文熙
责任技编：	许伟群
责任校对：	钟　怡
文物摄影：	孙志远
封面设计：	李家傲　王宫小惠
内页设计：	王宫小惠　沿　界

清代宫廷点翠首饰研究

QINGDAI GONGTING DIANCUI SHOUSHI YANJIU

出版、总发行：	岭南美术出版社（网址：www.lnysw.net）
	（广州市天河区海安路19号14楼 邮编：510627）
经　　　销：	全国新华书店
印　　　刷：	东莞市信誉印刷有限公司
版　　　次：	2025年7月第1版
印　　　次：	2025年7月第1次印刷
开　　　本：	889 mm×1194 mm　1/32
印　　　张：	7.75
字　　　数：	143千字
印　　　数：	1—1600册
ISBN 978-7-5362-6680-3	
定　　　价：	138.00元

前言

十五年前,在时任故宫博物院院长郑鑫淼的主导下,故宫博物院对馆藏珍品进行拍摄,点翠首饰中的精品开始出现在大众视野。之后,在单霁翔院长任内,这些珍藏于宫廷的点翠首饰通过展览被更多观众所见。在现任王旭东院长的推动下,故宫博物院开始大规模的文物数字化工程,大量点翠首饰的基础信息被采集,研究工作伴随着库房清点工作而开展。《清代宫廷点翠首饰研究》一书,源起于阮卫萍研究馆员主持的故宫博物院院级课题项目《清代宫廷点翠首饰研究》(课题编号:KT2013-11)。阮卫萍老师及其同仁,通过长年的文物影像采集工作,对清代宫廷点翠首饰文物进行了整理,查阅了大量的档案、笔记、地方志等文献材料,做到了文物和文献的结合对应,用扎实的考据厘清了宫廷点翠首饰的发展过程。

目前中国传统首饰的研究材料主要基于考古出土文物与民间传世文物两类,而故宫博物院所藏的传统首饰不仅门类齐全,且多由清代宫廷造办处制作或内廷采买而来,因服务于宫廷,代表了当时最高的首饰制作水准,是极为难得的研究材料。点翠是中国首饰制作中最具代表性的工艺之一，用料珍稀而又复杂，集中体现了中国传统的审美取向，曾被广泛应用于首饰的制作。民国以来现代化的过程中，传统的点翠首饰数量锐减，直至在日常生活中消失。由于资料的缺乏，点翠首饰一直是较为冷僻的研究门类，而故宫博物院在基础资料方面具有得天独厚的优势，现存有点翠首饰3000余件，集中收藏了清代宫廷的点翠首饰。《清代宫廷点翠首饰研究》是在数十年文物库房工作经验基础上，基于第一手的文物、档案材料而创作的研究著作，清晰地梳理了我国代表性的首饰工艺在清代宫廷的使用情况，厘清了史实，既是对故宫博物院所藏点翠首饰进行的系统整理，也是对传统首饰文物研究领域的重要补充。点翠工艺的用料多来自海外贸易所获取的翠鸟羽毛等，点翠首饰文物是中外之间互通有无、友好交流以及海上丝绸之路繁荣的物质见证。清代宫廷点翠首饰的研究对于工艺美术史、中外交通、贸易史都具有一定的价值。

《清代宫廷点翠首饰研究》以点翠首饰文物为研究主体，结合文物与文献，研究点翠首饰的历史来源、制作费用等问题，分析了点翠首饰的类型、功能，尽可能建立起点翠首饰断代的标准。同时，通过点翠首饰来源的研究，对清代造办处、著名银楼、节庆进贡等相关历史文献进行整理，探讨了点翠首饰制作背后涉及的商业问题。本书分为三个部分，阮卫萍老师负责第一章清宫点翠的历史、来源与价格等内容的撰写，从海量的文献中筛选出点翠的相关记录，梳理点翠的历史发展，所用翠羽的来源，及翠鸟、翠羽的价格；景闻负责第二章清宫点翠首饰特点的撰写，对点翠首饰的色彩、纹饰、类型等进行了总结，并通过点翠首饰所附带的历史信息进行了分期，为点翠首饰的断代提供了类型标本；仇泰格负责第三章点翠首饰附带的商业历史信息的撰写，通过点翠首饰簪挺背后所篆刻的商号，及外包装上所印商号戳印，对点翠首饰附带的商业信息进行了整理，从苏州、广州、北京三地，分别介绍了点翠首饰商号在当时各个城市分布的情况，再现了曾经繁盛的点翠首饰交易图景。

《清代宫廷点翠首饰研究》的出版，在深入研究故宫博物院所藏文物的同时，对传统首饰研究领域进行了补充，填补了目前国内关于清代宫廷点翠首饰的研究空白。本书五万余字，配图百余幅，大量首饰图片为首次集中出版，是一本学术性与艺术性并存的书籍。本书内容对于清代宫廷历史、工艺美术史、中外交通、贸易史等专业的学术研究均有所裨益，对首饰设计、影视剧服道化等领域的创造性转化和创新性发展，提供了历史借鉴和灵感来源。

目录

第一章 清代点翠历史、来源与价格 ... 1

第一节 点翠历史的发展 ... 3

第二节 清宫首饰翠羽的来源 ... 10

第三节 翠鸟及翠羽价格 ... 25

第二章 清宫点翠首饰的特点 ... 35

第一节 点翠首饰的色彩与纹饰 ... 37

第二节 点翠首饰的类型 ... 56

第三节 点翠首饰的断代 ... 68

第三章 点翠首饰附带的商业历史信息

第一节 苏州：新旧商圈并存的零售格局 185

第二节 广州：珍奇多聚的大兴街 201

第三节 北京：遍布全城的商圈、新旧并存的商号 212

后记 237

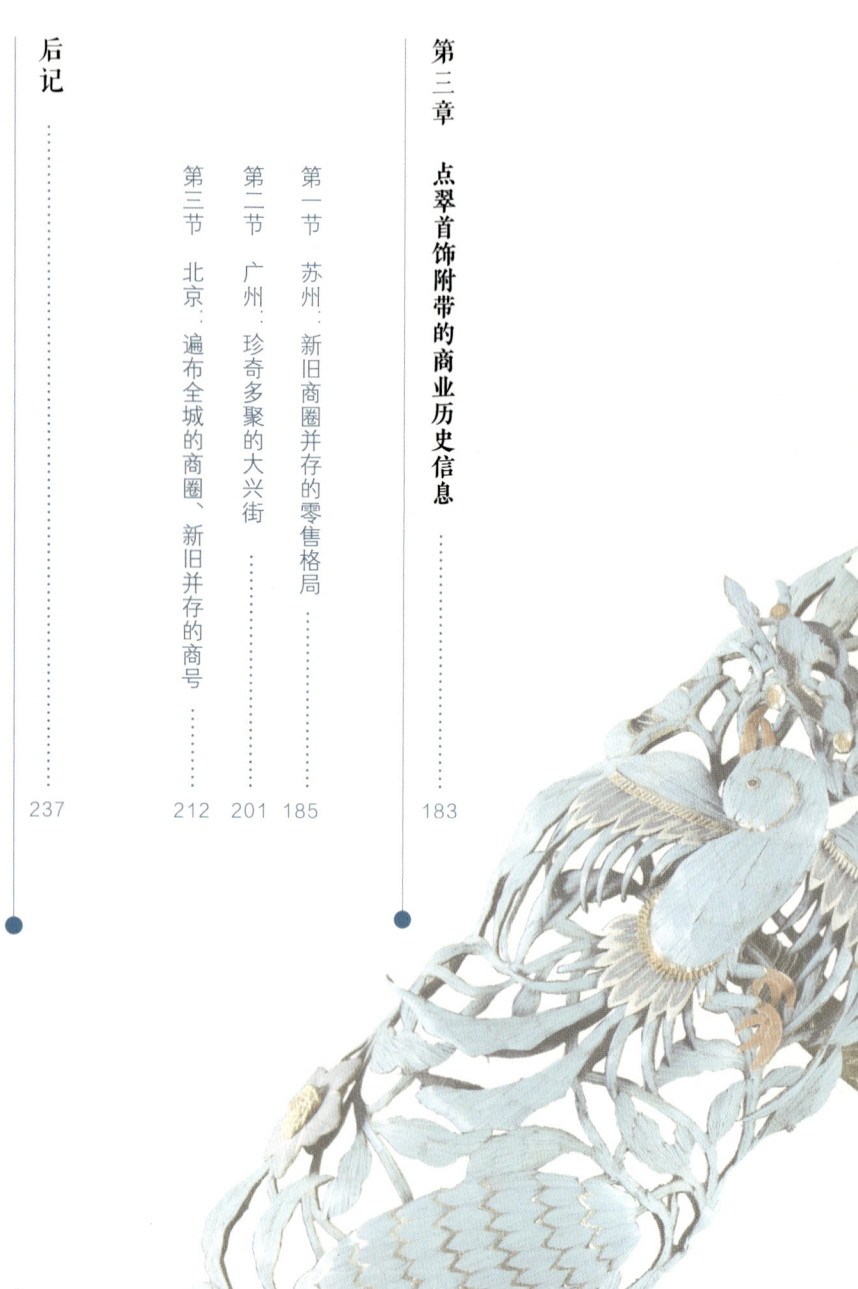

第一章

清代点翠历史、来源与价格

第一节 点翠历史的发展

在中国传统手工艺中,以国家二级保护动物翠鸟的羽毛制作的点翠饰品,一直以来备受人们的喜爱,但因翠鸟的特殊性,点翠工艺如今已濒临失传。点翠历来都是高贵与地位的象征。在清代宫廷中,点翠技艺涉及的物品种类繁多,而后妃首饰使用点翠工艺更为普遍,且数量可观。特别是在头花、簪子、钿子等首饰中,保存完好,翠色鲜艳。可以说,点翠工艺在清代宫廷中达到了历史高峰。

点翠工艺,是用翠鸟羽毛装点饰品的工艺。以翠鸟羽毛加工饰品,在人类文化发展史中是非常普遍的现象,文献记载可追溯到春秋战国时期的"买椟还珠"中"辑以翠羽"的现象。[1]

春秋战国

---

[1] [清]张英、王士禛、王掞等:《御定渊鉴类函》卷三百五十七,清文渊阁四库全书本,第31440页。

汉

《汉书》载:"越王献武帝翠鸟五十双,即翡翠也。"[1]《西南夷传》载:"哀牢(今云南)出孔雀、翡翠。"[2]

西汉刘向撰《说苑》记载羽衣、翠被,郑众注《周礼》载"以羽帽覆头上,衣饰翡翠之羽"[3]。虽然早期记载翠鸟的文献不多,但用翠羽为饰已出现端倪。

唐

《太平寰宇记》记载唐代岭南道(今我国广西、广东、云南和越南北部地区)辖境下交州、爱州元领县土产翡翠毛。诗人元稹"头戴翠羽笄"及王维诗中的"翠云裘",说明唐代翠羽不仅用在头饰上,也被用来制作礼服。《元和郡县志》记载武安州、贡州、安南都护府、玉山郡、交州、爱州、骧州、峰州等都进贡过翠羽,《异物志》载:"乌浒,南蛮之别名,巢居,鼻饮,射翠取毛,割蚌求珠为业。"[4] 说明点翠在南方已经成为行业。唐宣宗时曾有捕翠之禁令,"有捕翠之禁,而以翠羽为首饰者自若,是岂法令不可禁乎"[5]。虽然如此,但点翠仍然盛行。

宋

宋代点翠工艺仍然盛行,广西钦州专贡翡翠毛。南

---

1 [明]方以智:《物理小识》卷十,清文渊阁四库全书本,第799页。
2 [清]张玉书等:《御定佩文韵府》卷六十三之十四,清文渊阁四库全书本,第31973页。
3 [宋]李昉:《太平御览》卷五百七十四,清文渊阁四库全书本,第17033页。
4 [宋]乐史:《太平寰宇记》卷一百六十六,清文渊阁四库全书本,第5017页。
5《宋史》卷三百八十七,清文渊阁四库全书本,第23111页。

宋

宋赵汝适在《诸蕃志》中提道:"邕州右江亦产一种茸翠,其背毛悉是翠茸,穷侈者多以撚织,如毛段然。比年官虽厉禁,贵人家服用不废,故蕃商冒法贩鬻,多置布襦袴中。"[1] 翠羽在宋代仍然是紧缺物,同时也透露出点翠之盛行。《建炎以来系年要录》记载"交趾献翠毛五百尾"[2],交趾即今天的越南。越南"南平王李天祚遣太平州刺史李国以右武大夫李义、武翼郎郭应五来贺升平"[3],其中献有方物(当地产物)"翠羽五百只"[4]。赵汝适撰写《诸蕃志》记载:真腊国(今柬埔寨)"翠毛此国最多"[5]。而宋室南渡之后,李朝(交趾、安南)继续入贡,《宋史》记载,绍兴二十六年(1156)"命右司郎中汪应辰宴安南使者于玉津园。八月,天祚遣李国等以金珠、沉水香、翠羽、良马、驯象来贡"[6]。《宋史·太宗本纪》也记载了太平兴国七年(982)定婚娶仪制,诸王纳妃会有"琥珀、璎珞、真珠、翠毛、玉钗朵各二副"[7],说明当时翠毛的珍贵与

---

1 [宋]赵汝适:《诸蕃志》卷下,清文渊阁四库全书本,第134页。
2 [宋]李心传:《建炎以来系年要录》卷一百七十六,清文渊阁四库全书本,第8930页。
3 [宋]李心传:《建炎以来系年要录》卷一百七十四,清文渊阁四库全书本,第8804页。
4 同上。
5 [宋]赵汝适:《诸蕃志》卷上,清文渊阁四库全书本,第10页。
6 [宋]李心传:《建炎以来系年要录》卷一百七十四,清文渊阁四库全书本,第8803页。
7 [宋]秦蕙田:《五礼通考》首四卷,清文渊阁四库全书本,第15875页。

珠宝比齐。对于翠羽，宋代皇帝多有发谕。宋哲宗批评"禁中修造，华饰太过，墙宇梁柱，涂金翠毛，一如首饰，又作玉虚，华丽尤甚"[1]。宋徽宗时也有把翡翠用作装饰的记载："先王之政，仁及草木禽兽。今取其羽毛，用于不急，伤生害性，非先王惠养万物之意。可令有司立法禁之。"[2] 南宋高宗也曾下诏"禁铺翠"，在绍兴五年（1135）、七年（1137）、二十七年（1157）均有下诏，但成效甚微，屡禁不止。

辽金

辽金时期，《契丹国志》曰："番戴毡冠，上以金冠为饰，或加珠玉翠毛"[3]，同时对无官爵的百姓规定，翠毛只能用在花环冠帽上。"大定十三年制，妇人首饰不许用珠翠钿子等物，翠毛除许装饰花环冠子，余外并禁。"[4]

元

元代，暹罗国进贡的方物中，不乏翠羽。《元史》记载："至元二十八年十月癸未，罗斛国王遣使上表，以金书字，仍贡黄金、象齿、丹顶鹤、五色鹦鹉、翠毛、犀角、笃耨、龙脑等物。"[5]《岛夷志略》中也记载，戎、罗斛、暹、苏门傍地产翠羽，用当地所产翠

---

1 [宋]陈均：《九朝编年备要》卷二十五，清文渊阁四库全书本，第2631页。
2 《宋史》卷一百五十三，清文渊阁四库全书本，第8400页。
3 [清]厉鹗：《辽史拾遗》卷十五，清文渊阁四库全书本，第996页。
4 [清]嵇璜等：《钦定续文献通考》卷九十四，清文渊阁四库全书本，第7925页。
5 黄重言、余定邦：《中国古籍中有关泰国资料汇编》，北京大学出版社，第23页。

羽与中国进行贸易。至元二十三年（1286）、二十六年（1289）安南世子进贡方物中，也有翠羽，两次共进贡翠羽一百五十张。

明

明代点翠工艺更加发达，记录没收严嵩家产账单的《天水冰山录》仅记载的点翠首饰就有二十余件，包括：金厢玉点翠珠宝首饰一副，金厢仙鹤点翠大珍宝首饰一副，金厢草虫点翠嵌宝首饰一副，金仙人点翠嵌大珍宝首饰一副，金孔雀点翠大珍宝首饰一副，金凤点翠嵌大珍宝首饰一副，金点翠珠宝耳环一双，金折丝点翠四珠二面宝石耳环三双等。点翠一词正式出现在明代文献中。不仅如此，在文献中多地有土产翠羽的记载，广西桂林府诸县皆出翠羽。《明史·职官志》记录承运库职责："凡浙江、江西、湖广、山西、四川等布政司，直隶、苏、松、常、镇、庐、凤、淮、扬、徽、宁、池、太、安庆等府，滁、徐、广德等州，岁解绢匹并阔生绢翠毛皮，俱送本库收。"[1]明代暹罗、安南、缅甸、交趾、爪哇（今属印度尼西亚）、榜葛剌（今属孟加拉国）等藩属国都有翠羽进贡。特别是暹罗国，在洪武、永乐朝几乎年年入贡。最多时一次进贡翠羽一万张。永乐九年（1411）后，定三年一朝贡，其贡物有象、象牙、犀角、孔雀尾、翠毛、龟筒、六足龟、宝石、珊瑚等。入宫后的翠羽，送承运库收，说明翠羽已成为宫中

---

[1] [清]于敏中：《钦定日下旧闻考》卷三十九，北京古籍出版社，2000，第623页。

所需品。定陵出土的孝端和孝靖两位皇后的点翠嵌珠石金龙凤冠显示点翠工艺成为装饰后妃头饰的时尚主流。（图1-1、图1-2）

清

清代云南、广西、广东、苏州等地均有翠鸟出产。安南、暹罗、荷兰、朝鲜、缅甸、琉球等国有进贡清廷的制度，特别规定入贡贡道，朝鲜由凤凰城、琉球由福建、荷兰由广东、缅甸由云南、安南由广西太平府贡道进入中国。在康熙六年（1667），朝廷准西洋贡道、暹罗贡道由广东进入。康熙二十五年（1686），覆准荷兰

图1-1　点翠嵌珠石金龙凤冠
　　　　定陵出土的孝靖皇后凤冠　故宫博物院藏

图1-2　明　孝和皇后半身像（局部）
　　　　装饰后妃头饰的点翠工艺　台北故宫博物院藏

清 贡道改由福建进入等。贸易的交流,使点翠工艺在清代达到了历史高峰。翠羽进入宫廷后,由内务府"皮库"负责管理入贡翠羽的收藏,"银库"下设点翠匠三人,负责点翠工艺的制作。翠羽可以用于宫内各种物品的装点,著名的《雍正十二美人图》(图1-3)、《月曼清游图》是后妃佩戴的点翠头饰的缩影,点翠工艺成为宫廷中必不可缺的金工技艺。

图1-3 《雍正十二美人图》(局部)
后妃佩戴的点翠头饰 故宫博物院藏

第二节 清宫首饰翠羽的来源

在故宫藏品中，清宫旧藏屏具类、宫扇、器物及首饰等物品，用点翠工艺装点的饰品较多，华丽富贵，彰显皇家气派。清代晚期后妃首饰中2000余件头花、近600件头面均以点翠工艺制成，可以想见当时清宫中对翠羽做成首饰的喜爱程度绝非一般，那么翠羽的来源出自哪里呢？能够支撑起宫中大量使用翠羽的供应，绝非一隅之地所能承受。本节旨在探究清代点翠在宫廷中的使用情况。

从现存故宫藏清代后妃首饰来看，乾隆朝之前首饰存量较少，嘉庆朝开始存量逐朝增多。点翠用量亦是如此。从记载宫廷所用翠羽情况来看，翠羽的主要来源是藩属国的进贡，琉球、安南、暹罗都有进贡朝廷的记录（图1-4），暹罗进贡翠羽最多。按例三年一贡，遇特殊日子如祝寿、元旦等庆祝活动，也都有进贡的记载。可查到暹罗国在清代最早进贡翠羽的时间是康熙朝，"康熙二年、六年、十年皆常入贡，其贡品以龙涎香为上，在彼国每两直金钱十二枚，每贡不过一斤，又有金银香、树胶香、罗斛香、碗石、犀角、象牙、翠毛、龟筒、六足龟、鲛绡布、红撒哈剌布。"[1]在入贡的方物中，翠毛列入其中。康熙六年（1667）六月，正值康熙皇帝十四岁生日，暹罗国进贡方物中也有翠鸟毛一项，"康熙六年六月遣使朝贺万寿，进……翠鸟毛六百张，……皇后齐年方物……翠鸟毛三百张……"[2]暹罗国为康熙皇帝祝寿时，一次便进贡了供皇帝和皇后使用的翠鸟羽毛共九百张，数量较大。但翠鸟羽毛用在宫内哪类物品上并无记载，从故宫藏品看，康熙朝首饰留存几乎为零，推断用在他处的可能性较大。随后，在康熙十一年（1672）、十二年（1673）、二十二年（1683）、四十六年（1707）、五十一年（1712）、六十年（1721）都有进贡，每次三百至九百不等，但总体上看，相比康熙皇帝当政61年的漫长时间，宫中翠羽用量不大，主要来自暹罗国的进贡。

在雍正皇帝当政的13年间，从《清代史料文献》《钦定大清会典事例》《清宫内务府奏销档》及《粤道

---

[1] [清]杜臻：《粤闽巡视纪略》卷二，清文渊阁四库全书本，第226页。
[2] [清]郝玉麟监修《广东通志》卷五十八，清文渊阁四库全书本，第9767页。

图1-4 《职贡图卷》（局部）
安南国、琉球国、暹罗国使臣形象
故宫博物院藏

贡国说》中查到，唯有暹罗国向清廷进贡翠羽，以整张翠鸟皮的形式进贡。《粤道贡国说》记录了清初至道光年间由海道至广东向清廷进贡的情况，其中雍正四年（1726）七月进贡翠鸟皮与康熙五十九年（1720）相同，向皇后进贡数量是皇帝的一半。雍正六年（1728）进贡方物中仍然是皇帝"翠鸟皮六百张"，皇后"翠鸟皮三百张"。雍正七年（1729）、雍正八年（1730）贡献的方物中均有翠鸟皮。据宫中奏销档记载，雍正七年暹罗国进贡翠羽的存量已达两千件，"无用过翠鸟皮

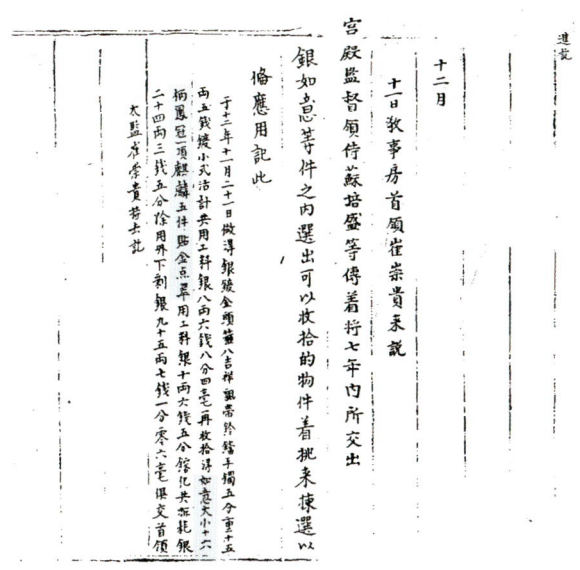

图1-5 《清宫内务府造办处档案》总汇4
文中记载："如意大小十六柄,凤冠一顶,麒麟五件贴金点翠……"

一千一张,与今年献进翠鸟皮九百张大小相等,细首饰等项上点翠用"[1],明确暹罗国进贡的翠羽已经用在首饰中。在《清宫内务府造办处档案》中也明确记录凤冠用点翠,"如意大小十六柄,凤冠一顶,麒麟五件贴金点翠"。[2](图1-5)总的来说,雍正朝翠羽的使用以暹罗国进贡为主,器物、凤冠都有使用翠羽的需求。虽然

---

1 《清宫内务府奏销档》奏销档177—206,奏报试验暹罗国进贡幼镁石硬度折,中国第一历史档案馆,雍正七年八月初六。
2 《清宫内务府造办处档案》总汇4,雍正七年起雍正九年止(1729—1731),第86页。

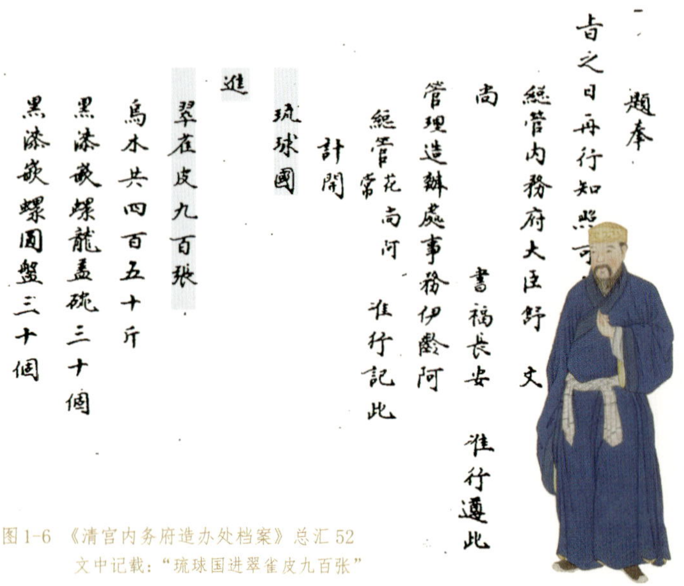
題奏
旨之日再行知照可
總管內務府大臣舒 文
尚 書福長安 准行遵此
管理造辦處事務伊齡阿
總管常花 尚河 准行記此
計開
琉球國
進
翠雀皮九百張
烏木共四百五十斤
黑漆嵌螺龍盖碗三十個
黑漆嵌螺圓盤三十個

图1-6 《清宫内务府造办处档案》总汇52
文中记载："琉球国进翠雀皮九百张"

凤冠实物没有保存下来，但可窥见暹罗国进贡的翠羽已被广泛地使用在宫中的每一种饰品中。

乾隆朝记载翠羽的文献较多，特别是《清宫内务府造办处档案》将每一年翠羽库存及使用情况都翔实记录。在乾隆当政的60年中，粗略估算宫中实用翠鸟皮四千余张，乾隆三年（1738）、四年（1739）、十九年（1754）、二十五年（1760）、二十七年（1762）、二十八年（1763）、三十年（1765）、三十一年（1766）、四十三年（1778）、四十四年（1779）、五十五年（1790）用量较多，均在二百张以上。特别是乾隆二十八年

（1763）一次使用翠鸟皮高达636张，可以想见乾隆朝翠羽的用量相当大。翠羽易遭虫蛀。在乾隆十九年（1754）库存的724张翠鸟皮中，发现内有272张无翅虫蛀翠鸟皮。乾隆五十五年（1790）内务府堂清册旧存有2690张半虫蛀不全翠鸟皮。乾隆五十八年（1793）新收翠鸟皮900张俱系虫蛀不全。至乾隆六十年（1795），造办处钱粮库只能将虫蛀翠鸟皮4000张变价出售。

从《清宫内务府造办处档案》得知，乾隆朝翠羽主要来自暹罗国和琉球国（图1-6）。乾隆五十五年（1790）一月，琉球国进贡翠鸟皮，"报来共计八百八十七张，欠十三张"。[1] 从记载可知，琉球国本应进贡900张，实际进贡887张。

暹罗国是翠鸟的盛产地。元代至元二十八年（1291）十月癸丑，国王遣使上表，以金书字，贡物中有翠毛一项。明代也有向朝廷进贡的历史，在明永乐十五年（1417）、二十一年（1423）进贡翠羽均高达3000张。乾隆元年（1736）、十四年（1749）、十八年（1753）、二十二年（1757）、二十七年（1762）、三十一年（1766）、四十六年（1781）、五十年（1785）、五十一年（1786）、六十年（1795）暹罗国均有进贡，一次按例进贡翠鸟皮900张。在乾隆当政的60年中，

---

[1]《清宫内务府造办处档案》总汇52，乾隆五十五年起乾隆五十六年止（1790—1791），第65页。

进贡的翠鸟皮高达上万张。据《清宫内务府奏销档》记录：

> 自康熙年间以来，共进过多少，着查明，呈览，翠雀毛从前共进过多少，在何处收存，着查明奏闻……暹罗国王森烈拍照广敉拍马喙六坤司阿育提雅普埃恭进……皇上前……翠毛六百张……皇后前……翠毛三百张……交养心殿造办处在案，又查得翠雀毛自康熙年间以来收过五千四百张，此内经历年由内廷传用。养心殿盔头作等处领用过三千六百七十张，所剩一千七百三十张。至乾隆元年经（臣）衙门清查六库，将所存翠雀毛拣选堪用者九百张留库备用外，其余翠雀毛因年久虫蛀霉烂不堪用者八百三十张。奏明，出库在案所有选出存用翠雀毛九百张，嗣于乾隆元年起至三年，由养心殿造办处及灯库陆续领取用完无存。[1]

由此可知，康熙和雍正两朝暹罗国共进贡5400张翠鸟皮，3670张用于养心殿盔头作，除去虫蛀不能使用的，剩余900张。也就是说，康熙、雍正两朝，翠羽的使用，仅用于"盔头作"这一处机构。

乾隆朝宫中出现点翠饰品的有翠羽扇、翠雀掌扇、

---

[1]《清宫内务府奏销档》奏销档237—116—1，奏请呈览暹罗国王派使送到表文等物片，中国第一历史档案馆，乾隆二十二年五月初四（1757）。

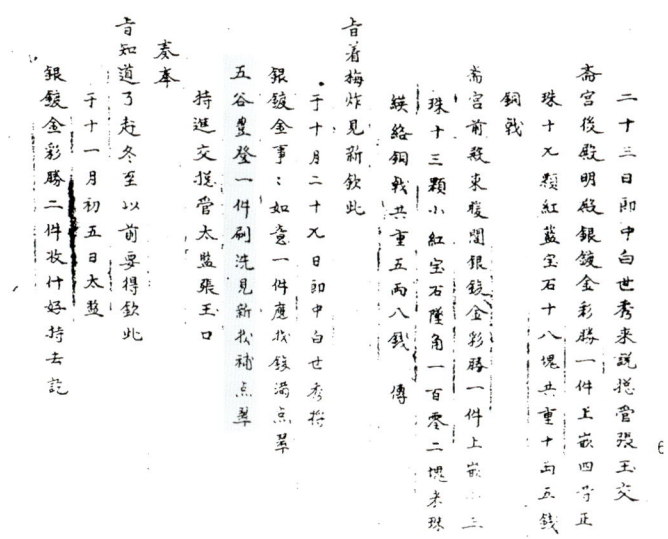

图1-7 《清宫内务府造办处档案》总汇27
文中记载："五谷丰登一件刷洗见新找补点翠"

如意及首饰上的挑杆、钿子上的钿花面簪、金凤等，如灯作（宫中负责灯具制作、修缮的作坊）交翠羽扇三柄、匣作（宫中负责匣盒类器物制作的作坊）做银累丝挑杆八个，用翠羽二十张等。而宫中也常有翻新饰品，需要补点翠之事，"五谷丰登一件刷洗见新找补点翠"[1]（图1-7）等。乾隆朝翠羽使用在首饰上的比例逐渐增多，同时也细化了用翠羽的使用数量。如乾隆二十五年（1760）四月十八日金玉作（宫中负责金玉器物制作的

---

[1]《清宫内务府造办处档案》总汇27，乾隆二十六年起乾隆二十七年止（1761—1762），第624页。

作坊)"为做甚字一百四十四号金钿凤十五支(五十),领翠雀三十七个。"¹可以推算,后妃钿子上装饰的金凤,加上翠鸟皮的损耗,估计一个点翠金凤可用两张翠雀皮。同样钿子上装饰的面簪也有记录,如乾隆二十五年(1760)五月十日"金玉作为做无字六十六号面簪九枝(五十),领三等金十二两,翠雀十三个,工艮十六两八钱"。²一块面簪使用一张多翠鸟皮。点翠饰品不仅在宫中已广泛使用,同时也是皇帝用来联络地方官员情感的纽带。乾隆三十九年(1774)七月二十一日,两广总督李侍尧进贡,得到皇帝赏赐物品中就有"翠羽宫扇五柄",乾隆四十五年(1780)八月四日广东巡抚李湖的进贡,也得到皇帝赏赐"翠羽炕屏一架""翠羽宫扇二对"。

嘉庆元年,暹罗国王为庆贺乾隆皇帝归政、嘉庆皇上登极,遣使臣进贡,其中也有翠鸟皮:"恭进龙涎香、上冰片、中冰片、沉香、金刚钻、孔雀屏、犀角、象牙、荷兰毯、红毛厘布、翠鸟皮、白檀香、白胶香、樟脑、甘蜜皮、桂皮、荜茇、降真香、大枫子、白豆蔻、藤黄、乌木、苏木,凡二十四种。恭进皇宫前贡物,减半。又庆贺皇上登极,并进皇后贡物,均与庆贺

1《清宫内务府造办处档案》总汇25,乾隆二十五年(1760),第735页。
2《清宫内务府奏销档》奏案05—0579—055,呈暹罗国进到贡物数目清单,嘉庆二十年九月二十九日(1815),中国第一历史档案馆。

归政贡同。"¹

嘉庆十四年（1809）、二十四年（1819）暹罗国再次遣使臣为皇帝祝寿进贡的方物中有"翠鸟皮五百张"。之后在嘉庆二十年（1815）、二十一年（1816）、二十四年（1819）中都有"恭进皇上方物……翠雀皮六百张……皇后方物……翠鸟皮三百张"²的记载。暹罗国仍是宫中使用翠羽的主要来源。

嘉庆八年（1803），越南国王进贡方物14种，其中亦有翠羽，"进伽楠、沉香、速香、广南生绢、象牙、翠鸟毛、豆蔻、砂仁、槟榔、犀角、玳瑁、海鹅翎、砗磲螺、花藤杆，凡十有四种。"³嘉庆朝翠羽多以翠鸟皮形式入贡，暹罗、越南是翠鸟羽毛的进贡国，常规进贡数量为900张，祝贺活动进贡翠鸟皮数量没有特别规定。（图1-8）

道光二年（1822）、三年（1823）、七年（1827）、十年（1830）、十一年（1831）、十七年（1837）、十九年（1839）、二十四年（1844）、二十八年（1848）均有暹罗国进贡翠羽的记载。数量一般为皇帝600张，皇后300张。特殊节日也有进贡，如道光三年（1823）特为

---

1 《清宫内务府奏销档》奏案05—0587—056，呈暹罗国贡物清单，嘉庆二十一年十二月初四日（1816），中国第一历史档案馆。
2 《清宫内务府奏销档》奏案05—0606—087，呈进到贡物清单，嘉庆二十四年十二月二十七日（1819），中国第一历史档案馆。
3 嘉庆《钦定大清会典事例二》卷三百九十四《礼部一百六十二·朝贡·贡物二》，1796—1820，第13页

图 1-8 《万国来朝图轴》（局部）
暹罗、安南、琉球三国使臣都在朝贺的队列之中 故宫博物院藏

皇帝万寿贡进"翠毛五百张",翠羽称作翠毛。

道光朝以后,对暹罗国进贡翠羽几乎不见记载,唯一的一次出现在光绪十年(1884),《大清会典》记载暹罗国入贡御前方物中有翠皮,中宫方物减半。

由此,从清康熙到道光,暹罗国进贡是清宫所用翠羽的主要来源,其应用广泛,无论是大型的屏具还是小巧的首饰,点翠工艺在清宫中是不可或缺。然而,咸丰、同治、光绪三朝翠羽记载的缺失,也是不争的事实,但宫中并没有停止翠羽的使用,特别是首饰中点翠头花和装饰钿子的点翠头面数量庞大,头花2000余件,头面近千件。这些点翠所用翠羽来自哪里,文献、档案中没有记录。但我们在点翠头花和头面的原包装盒中,发现有制作作坊的广告,它们或印在包装盒内,或附有宣传页,从而揭开了咸丰、同治、光绪三朝翠羽记载缺失的原因。

在故宫藏品中,清代晚期点翠头花有2000余件,一部分头花带有原装锦盒。其中一件"点翠花蝶纹头花"的包装盒内印有广告,内容为:"袁协昌号:向在江宁珠宝廊,顺兴号分于姑苏阊门内乐桥汤家巷,再增另分协昌字号,专办满汉山陕飞禽走兽攒扎龙凤珠冠、玉花翠垫、人物花朵,发客凡赐顾者不误。"从中我们得知,点翠头花出自苏州商号"袁协昌号",业务之一是为宫廷后妃制作点翠首饰。此类头花均为纸胎托,全翠羽满铺托面,少有珠宝镶嵌,翠羽颜色为接近青绿的浅蓝色,以宝蓝色翠羽做点缀,轻巧实用,纹饰丰富,多达50余种。另外，我们在点翠头面中也发现有几家商号字迹，如"点翠梅竹蝶双喜纹头面"（图1-9）的原盒盖内，印有红色商号："庆丰号：姑苏胥门内歌熏桥址，首大街西察院南首朝西门面，专办上用翠花"。此作坊专办御用点翠饰品。"点翠福双喜纹头面"盒盖中也印有广告："姑苏阊门内乐桥东塊汤家巷内乔公顺号，满汉宫式、各省时样翠花，龙凤诰命凤冠，发客图书为记不误"。此作坊也承做点翠饰品及皇后、诰命凤冠。以上三家商号都在苏州，承办宫内所需点翠头花和头面，头面是装饰在钿子上的钿花，亦可称为首饰。苏州生产的点翠首饰，均为纸胎，质地轻薄，浅蓝色（青绿色）翠羽满铺饰品，或以宝蓝色翠羽点缀主要部位，典雅素洁，具有东方之美。这批点翠首饰入宫后，收藏在寿康宫。

"点翠钱纹头面"中也夹有广告页，"吉兴号：本号向在粤东省城太平门内大新街南向开张，专工巧造各省满汉洋金线边东坡软翠花银钗凤冠大花，精工镶作珍珠翡翠蜜蜡玛瑙碧犀宝石像生花朵，贵客赐顾请认字号为记"，明确指出点翠头面来自粤东省城，即广东省广州。头面来自广州太平门内的"吉兴号"，"吉兴号"专做软翠点翠。《广东新语·翡翠》记载："粤产翠羽，而人不珍，妇女不以为首饰。故语曰：'南海之羽，出疆始珍。'"说明广东地区出产翠羽，只是当时广州地区的妇女并不知道翠羽可以作首饰罢了。而清代晚期广州已开始制作首饰，其入宫的首饰同苏州商号制

图1-9 点翠梅竹蝶双喜纹头面
横32.5厘米 纵18厘米 高3.5厘米

作头花、头面一样,亦是在纸胎上点翠,翠羽颜色为蓝色,入宫后收藏在钟粹宫。钟粹宫在清代为后妃居所,咸丰帝皇后慈安自入宫即在此居住,直至光绪七年(1881)去世。光绪皇后隆裕也曾在此居住过。这批头面是否为慈安或隆裕所有,值得研究。

由此可见,清代宫廷中使用点翠工艺的首饰,其翠羽来源有:

1.藩属国朝贡,以暹罗国进贡翠鸟羽毛为主,亦有琉球和越南朝贡的翠羽。清代中期以前,即道光朝之前,点翠首饰所用翠毛是以翠羽或整张翠鸟皮的形式进贡到清宫皮库。内务府造办处下属金玉作以金、银、铜做首饰底托,点翠是辅助工艺,起点缀美化作用。翠羽为蓝色,首饰以凤冠、钿花中的面簪、结子、金凤、头花为主，镶嵌珍珠宝石。大部分收藏在宫中永寿宫。

2. 从苏州、广州采买入宫。清代晚期，即咸丰朝之后，宫内制作点翠首饰以金、银、铜做底托比清中期少。同治朝近 30 件银镀金首饰，多为"同治元年收"，应是前朝之物。另有一部分乃亲王、郡王及子女为皇太后、皇帝及皇后祝寿、皇帝大婚进贡的贺礼。这部分点翠首饰可能购买自北京前门外廊房二条[1]的珠宝商号，崇文门外花市大街[2]的协兴隆、宝兴斋和名盛泰等老店。它们以制作点翠而著称。此外，各地方也有进贡，如两淮盐政进贡"紫金锭点翠四喜珠四十挂"等。而此时宫中已看不到暹罗国进贡翠鸟皮的记载，苏州、广州大量的点翠首饰以成品进入宫内，不再以翠鸟皮的形式进贡。首饰以纸胎为底托，点翠是主要工艺，蓝色翠羽满铺，局部或以宝蓝色翠羽点缀，收藏在宫内的寿康宫和钟粹宫。

---

[1] 廊房二条是北京前门大街外的一条街市，晚清、民国时期为珠宝、古玩铺的集中地。
[2] 花市大街是北京崇文门外的一条街道，晚清、民国时期集中大批经营点翠生意的商户。

第三节 翠鸟及翠羽价格

翠鸟即翠雀。东汉杨孚《异物志》记载："翠鸟似燕，翡赤而翠青，其羽可以为饰。翠大如燕，腹背纯赤，民捕食之，不知贵其毛羽也。"[1]《南州异物志》记载了三国吴海南诸国及西方大秦等国的方物风俗，曰"翠，唯六翮毛长寸余，青茸翠大于燕小于鸟。……翠鸟先高作巢及生子，爱之恐坠稍下作巢，子生羽毛复益爱之，又更下巢也。"[2] 南宋郑樵著《通志》记载，"翠雀多生水际，似麻雀而小毛，羽绿翠可爱。"[3]（图1-10）

---

[1] [宋]乐史：《太平御览》清文渊阁四库全书本卷九百二十四，第26391页。

[2] [宋]乐史：《太平御览》清文渊阁四库全书本卷九百二十四，第26390页。

[3] [清]和珅：《钦定大清一统志》清文渊阁四库全书本卷十七，第1335页。

图 1-10 《桃枝翠鸟图页》
　　　一只翠鸟立于枝上,机灵警惕　弗利尔美术馆藏

　　从文献记载可以看出,翠鸟体形如燕,喜欢在温热茂密的林边水溪间栖息。文献中与翠鸟有关的称谓有翡翠、鹬、鱼狗、鱼虎等。翡翠,《说文解字》云:"翡翠,青赤雀也,出郁林。"《仓颉解诂》曰:"鹬,翠别名也。"[1] 即鹬是翡翠的别名。《尔雅》是中国古代

---

1 [宋] 乐史:《太平御览》卷九百二十四,清文渊阁四库全书本,第26389页。

最早的词典,成书于战国或两汉之间,亦解释翡翠为"翠,鹬也"。[1]专释《尔雅》中"草木鸟兽鱼虫"等名物辅翼的《尔雅翼》(宋罗愿撰)及《周礼订义》(宋王与之撰)给予正解:"鹬,韦昭以为翠鸟,张晏以为赤足黄文,以其毛饰冠。颜师古以谓鹬大鸟,即《战国策》所谓啄蚌者。翠鸟自有鹬名,而此饰冠者非翠鸟也。"[2]隋唐学者颜师古指出鹬称翠鸟是因蚌而得名,并不是可以装饰冠的翠鸟。《通雅》亦指出:"翠鹬,非鱼狗之翠也,鱼狗为翠鸟,一名鱼虎,即《尔雅》之鸠天狗也,翅尾亦可作首饰。而翡翠鸟自在海上,乃《尔雅》之所谓翠鹬者也。"[3]翡翠是翠鸟科翡翠属鸟类的通称,而鱼虎在《古今事物原始》记载:"鱼虎护雏而徙巢,鸬鹚教子以衔翼。鱼虎,翡翠也,曰翠雀,曰鱼狗,曰碧衣女子,皆翡翠之别名。"[4]民间通常把翠鸟称为"鱼狗"或"翡翠",常因它伺机捕食鱼虾时凶悍、敏捷,又有"鱼虎"之称。

中国广东、广西、云南、海南、福建,泰国、越南、柬埔寨、缅甸、老挝等东南亚一带是翠鸟生长的地方。翠鸟为翠鸟科,是颜色艳丽、体型小巧的食鱼鸟类。清代宫廷点翠所用翠鸟来自暹罗国进贡和中国自

---

1 [宋]乐史:《太平御览》卷九百二十四,清文渊阁四库全书本,第26389页。
2 [宋]罗愿:《尔雅翼》卷十五,清文渊阁四库全书本,第553页。
3 [明]方以智:《通雅》卷四十五,清文渊阁四库全书本,第3314页。
4 [明]徐炬:新镌《古今事物原始》全书卷之二十六,第1042页。

图 1-11　白胸翡翠　黄真摄影

产、蓝耳翠鸟、白胸翠鸟（图 1-11）、蓝翠鸟、普通翠鸟和白领翠鸟是宫中翠羽的主要来源[1]。

翠鸟小巧美丽，因其羽毛可做装饰的点翠工艺而为世人知晓。晋郭璞有《翠赞》："翠雀麇鸟，越在南海，羽不供用，肉不足宰，怀璧其罪，贾害以采。"[2]宋代胡仲弓有诗："毛羽生来便属人，悔将体段斗精神。寄言翡翠休惊讶，但是文章尽累身。"[3]乾隆皇帝

---

[1] Wang Lianming, "A World Dotted with Kingfisher Blue: Feather Tributes and the Qing Court" in SocialLives of Chinese Objects, eds. Alice Bianchi and Lyce Jankowski（Leiden, Boston: Brill, 2022）, pp.228–267.

[2] [唐] 欧阳询主撰：《艺文类聚》卷九十二，清文渊阁四库全书本，第 5759 页。

[3] [宋] 胡仲弓：《苇航漫游稿》卷四，清文渊阁四库全书本，第 177 页。

的"翠雀"御制诗,"野雀其形翼尾翘,为翔为纛任风飘。本来自是无情物,底事相争目擘树。"[1]写出了翠鸟的悲哀。

点翠工艺的首饰,需要大量翠鸟羽毛。翠鸟体型娇小,一件小巧的点翠首饰可能需要几只乃至数十只翠鸟的羽毛。炕屏、插屏等家具上翠羽的用量更是不可估算。一只翠鸟可供使用的羽毛非常少,一直有说法,翠鸟身上可采用的翠毛仅28根。翠毛分硬翠和软翠。软翠是指翠鸟背上的细绒羽毛,质地细腻柔软。硬翠则是指翠鸟翅膀和尾巴处的羽毛,相比软翠绒毛略显粗糙。明代《博物要览》对翠羽有记载:"翠毛产南番及广中,全翅软翠为妙,软翠色青紫,有珠宝光,名为春钱。……又有一种紫翠色,带深紫无光,乃山和尚,鸟羽不足为贵。又有一种绿色者,名为硬翠,价低。"[2]从记载中得知,翠鸟出自南番和广东地区,翠鸟的软翠毛最好,青紫色,带有珠宝的光泽,也称"春钱"。而将绿色翠鸟称为硬翠,并指出价格较低。又元代《居家必用事类》记载,翠羽"脊钱软翠出南番,广州全翅次其间,紫土土翠难升价,行市贵贱临时看。软翠妙是两片脊钱,为之一合,每十合作一串,六个好六个低,广

---

[1] [清]乾隆:《御制诗三集》卷五十八,清文渊阁四库全书本,第12302页。
[2] [明]谷应泰:《博物要览》卷之十四,清文渊阁四库全书本,第284页。

内翠稍低，此间亦有紫翠，系山和尚之属"。[1] 这里同样说明最好的软翠称"脊钱"，出自南番，这里的"脊钱"应是《博物要览》中的"春钱"，"春"字很可能是"脊"的笔误。也就是说，最好的软翠指翠鸟脊背上的两片羽毛即"脊钱"。至于硬翠，《留青日札》也指明硬翠是翠鸟的另一品种。"翡翠盛于岭南，今本山亦产此鸟，可用为饰，名曰土翠，亦曰硬翠，不如交广翠轻。"[2] 这里所指硬翠亦称为土翠，不如广州出产翠鸟羽毛轻，但同样可以用来装点饰品。从上述笔记可知，硬翠是一种翠鸟，可以用来装点饰品，但比不上南番和广州翠鸟质好，这与现代人对硬翠说法有出入。其实现代人对硬翠的理解不置可否，将翠鸟的翅膀和尾巴羽毛称硬翠，翠鸟脊背较为细小的羽毛称软翠，这种称谓是艺匠们心口传承的结果。在明清宫廷中，也有对硬翠使用的记载。明代宫中的礼物《纳吉纳征告期礼物》中有硬翠竹叶乌纱帽二十四顶[3]。清乾隆十八年（1753）《清宫内务府造办处档案》记载，以900张翠毛的用料画样做掌扇，特别提到掌扇靶用硬翠，"十五日员外郎白世秀来说太监胡世杰交翠毛九百张（计三十六包），传旨，着料估毂做掌扇几把画样，呈览，钦此。于六月初一日员外郎白世秀将画得整半元大掌扇一面点翠，一面

---

[1]［元］佚名：《居家必用事类全集》，明刻本，第851页。
[2]［明］田艺蘅：《留青日札》序，明万历重刻本，第723页。
[3]［明］俞汝楫：《礼部志稿》卷二十，清文渊阁四库全书本，第1273页。

糊蓝绫彩漆靶座纸样二张，持进交太监胡世杰，呈览，奉旨，准照半元掌扇成做彩漆靶座点硬翠，钦此。"[1] 可见，因为硬翠羽毛厚，多是用在乌纱帽、手持把柄处容易磨损的部位。

民间有捕捉活鸟做点翠的传闻，清同治《巴陵县志》记载："翡翠鸟羽制翠花，能增金玉之色……以纲取之，摘其背毛，仍放去。每年四月，远近打翠郎齐集邑之白杨田做翠会，湘汉翠店乘此购焉。"可见，当时只是采集翠鸟背毛，世传"活取翠毛"的说法可能源于此。一般工艺制作时需要有大量的现货储存，用来满足点翠的需求，而大部分翠羽的使用以整张翠鸟皮的形式来保存，这种取翠毛的方式，恐怕非"摘其背毛，仍放去"的方法。从记载来看，对于翠鸟进货的包装以合为单位，唐宋时期均有记载："玉山郡贡……翠毛三百合"[2]"武安州附贡翠毛二百二十合"[3]"安南都护府贡……翠毛二百合"[4]，而《博物要览》对"合"做出了解释，"广翠，全翅两片为之一合，十合为一串，五个好者五个低者。"[5] 两片翠羽称之为一合，十个为一串，翠毛二百合也就是二百对翠羽。《百宝总珍集》

---

[1]《清宫内务府造办处档案》总汇 19，乾隆十七年起乾隆十八年止 1752—1753，第 464 页。
[2]《通典》卷六，清文渊阁四库全书本，第 259 页。
[3] [唐] 李吉甫：《元和郡县志》40 卷，《开和郡县志》卷三十八，清文渊阁四库全书本，第 1859 页。
[4]《通典》卷六，清文渊阁四库全书本，第 255 页。
[5] [明] 谷泰：《博物要览》卷之十四，清文渊阁四库全书本，第 284 页。

则进一步说明，软翠中最好的是脊上的两片，"南番软翠最妙两片脊翚，谓之一合，每十合作一串，六个好四个低。"[1] 从以上记载我们可以得出，无论南番还是广州翠羽，翅膀或脊背上的两片羽毛称为一合，十合为一串，其中好的翠羽最多只占六成。

然而翠羽的价值一直以来世人关注甚少。其实自宋朝始，各朝都有零星记载。宋佚名《百宝总珍集》记载两淮盐政采买的情况，提到翠羽的采买紧缺时"每合价高曾卖上三千以上"[2]，"如无行市，曾卖四百一合"[3]。这条信息透露出，翠羽的价格随市而定。明代弘治《大明会典》规定，凡番货价值"翠毛每斤三百文"[4]，嘉靖时则规定"岁办翠毛一千零八十四个，每个价银一钱"[5]。清代对翠毛价格也有记载，顺治十八年（1661）折解明朝遗留翠毛，以当时价格，每个值银四钱二分九厘零六丝。"御用监翠毛九百三十个，每个价银四钱二分九厘零六丝，该银三百九十九两零二分五厘八毫，该水脚银一十一两九钱七分零七毫七丝四忽，于顺治十八年奉文折解"[6]。御用监是明宦官官署名，是明代宫廷内专司造办用品的机构，这批翠鸟毛为明朝遗留物，

---

1 [宋]佚名：《百宝总珍集》卷第七，清钞本，第73页。
2 [宋]佚名：《百宝总珍集》卷第七，清钞本，第73页。
3 [宋]佚名：《百宝总珍集》卷第七，清钞本，第73页。
4 《大明会典》卷之一百一十三·礼部七十一/给赐四/给赐蕃夷通例。
5 [明]戴璟：《广东通志初稿》卷之二十四，第1670页。
6 [清]金鉷修：《广西通志》卷二十五，清文渊阁四库全书本，第2362页。

九百个价值三百九十九两零二分五厘八毫，折解后的税银一十一两九钱七分零七毫七丝四忽。康熙时期对翠羽的买卖征收税费，据《江西通志》记载税率为"翠毛、马尾、苏合油、人参每百斤九钱三分零"[1]。不难看出，清初翠羽的价格相比明代翠羽价格略高。

乾隆时期翠羽的价格也有明确记载。乾隆八年（1743）六月三日，杂项库票造办处钱粮库匣作"买有字二十五号匣作，做银累丝挑杆陈设八件，买青金（折见方寸）五分三厘九毫（用银八两七钱三分一厘八毫），翠雀二十个（用银二两二钱）"[2]。20个翠雀用银二两二钱，一个翠羽价值一钱二分。乾隆二十五年（1760）工料银两档，造办处钱粮库载"金玉作为做无字六十六号面簪九枝（五十），领三等金十二两，翠雀十三个工艮十六两八钱"[3]。翠雀价格按同时期翠羽价格一个一钱九分五厘五毫，但工银费用价格不菲。"十二月二十三日金玉作为做职字二百四十四号九福寿走边一件，（李元）领三等金五两，翠雀十个工银七两，僧□栢□"[4]。十个翠雀需要工银七两，翠羽价格虽然不贵，但点翠工艺用工价格昂贵。嘉庆七年（1802），

---

1 [清]谢旻等主修：《江西通志》卷三十四，清文渊阁四库全书本，第4082页。
2 《清宫内务府造办处档案》总汇12，乾隆八年起乾隆九年止（1743—1744），第142页。
3 《清宫内务府造办处档案》总汇25，乾隆二十五年1760，第740页。
4 《清宫内务府造办处档案》总汇25，乾隆二十五年1760，第789页。

宫内需要买办"翠雀五百八十五个,计银六十四两三钱五分"[1]。可以看出翠雀价格适中,同时透露出嘉庆时期有在宫外购买翠羽的情况。

---

[1]《奏案05—0500—016》呈报成做混元盒切末估需工料银两清单。

第二章 清宫点翠首饰的特点

第一节　点翠首饰的色彩与纹饰

清代宫廷首饰可以分为礼制首饰和日常首饰两大类，其中礼制首饰包括有朝冠、吉服冠、金约、耳环、领约、彩帨、朝珠等，日常首饰包括有面簪、簪花、扁方、耳环、戒指、手镯、十八字手串等。无论是礼制所用首饰还是日常生活所用首饰，都会使用点翠工艺进行局部的装饰。故宫博物院收藏有清代宫廷点翠首饰逾三千件，其中绝大多数点翠首饰的制作时间集中于清代中后期，基本涵盖了18世纪晚期至19世纪的传统首饰风格，具有极强的时代特点和断代意义。本书关于清代点翠首饰的研究，以狭义的女性使用首饰为依据，内容包括点翠面簪、结子、钿花、头面、头花等。这类首饰使用点翠工艺面积较大、数量较多，具备对清代宫廷点翠首饰分型分类的条件。本章将以故宫博物院藏清代宫廷点翠首饰作为研究基础，对其色彩、纹饰、类型及时代特点进行初步的分析。

点翠首饰的色彩因使用翠鸟的不同而有所差别。许晓东老师在《中国古代累丝与点翠工艺》（The Arts of Leisi and Kingfisher Blue in Ancient China）一文中，提到对陕西唐家民俗博物馆源自清朝中晚期的三水县唐家点翠首饰，使用三维视频显微镜、扫描电镜能谱、显微红外光谱进行了研究。在扫描电镜下观察到深蓝色羽枝内部为蜂窝状结构，这种特殊的物理结构能够使光在羽毛内部发生干涉，从而显现出深蓝色的结构色。因此，只要翠羽内部的结构不被破坏，它就能在较长时间内保持鲜艳的颜色。该文中提到赵欣如教授将翠羽与标准鸟类羽毛进行生物学比对分析，推测羽毛来源于翠鸟科，包括普通翠鸟和蓝翡翠，均为中国南北各地常见的翠鸟科种类。同时也提到，翠鸟科的不同种类，或同一种类的不同部位，羽毛的颜色不尽相同，而点翠所用羽毛多来自正羽羽片部分[1]。

汪晓玥、严褒在《浅谈中国点翠首饰工艺及其发展》一文中提到，点翠首饰有青蓝色和宝蓝色两种颜色，这种颜色上的细微差别，是由不同种类翠鸟所决定的。点翠首饰中以白胸翡翠、蓝翡翠和普通翠鸟为多见。文中

---

[1] Xiaodong Xu and Yu Tong, "The Arts of Leisi and Kingfisher Blue in Ancient China." *Arts of Asia*, July, 2017, p.54.

介绍普通翠鸟（图2-1）具有亮蓝色及棕色的翠羽，上体为金属浅蓝绿色，颈侧有白色斑点，下体为橙棕色。普通翠鸟背部的蓝绿色羽毛较为鲜明细腻，而翅膀和尾羽部分则相对暗淡。白胸翡翠（图2-2）的羽毛多为青绿色，喉及胸部是白色，上背、翼及尾羽蓝色鲜亮，并带有青绿色闪光。这种鸟大多生活在我国南方地区，在江浙一带尤为常见。蓝翡翠（图2-3）头部为黑色，上体除翼上外，其余均为亮丽华贵的蓝紫色。其羽毛在古代宫廷后妃的点翠首饰中尤为多见[1]。

图2-1　普通翠鸟

图2-2　白胸翡翠

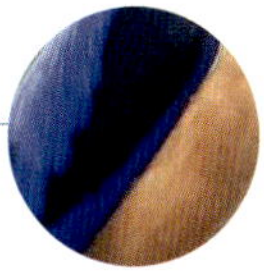

图2-3　蓝翡翠

对于点翠色彩的定名，目前尚无准确的评判标准。在清宫旧藏的点翠首饰中，有部分首饰的包装带有商号名称。根据商号所在地的不同，首饰使用的点翠色彩也呈现出不同的特点。如北京地区"宝华楼"商号制作的点翠镶料珠万福寿纹头花呈现出典型的点翠蓝色。广州地区"吉兴号"商号制作的点翠盘长纹头面首饰也呈现出蓝色。苏州地区"庆丰号"商号制作的点翠福双喜纹头面首饰则呈现出青绿色，这与《浅谈中国点翠首饰工艺及其发展》一文中提及的南方地区白胸翡翠青绿色的羽毛特点及江浙一带点翠首饰常见的颜色风格是相吻合的。

在工作人员对清宫旧藏点翠首饰进行的整理过程中

---

[1] 汪晓玥、严袭：《浅谈中国点翠首饰工艺及其发展》，《美术学刊》2012年5月，第58—59页。

发现，点翠首饰所呈现出的蓝色系特点是其最主要的特征。点翠首饰的翠羽颜色可以分为蓝色、宝蓝色和青绿色。如点翠镶料珠万福寿纹头花（图2-4）、点翠球梅蝶纹头花（图2-5）就属于蓝色翠羽，点翠云蝠双喜纹头面（图2-6）、点翠蝠双喜纹头花面簪（图2-7）就属于宝蓝色的翠羽，点翠福双喜纹头面（图2-8）、点翠凤吹牡丹纹头面（图2-9）则是青绿色的翠羽。其中蓝色与宝蓝色翠羽是较为常见的颜色，蓝色翠羽为主体的头簪也常用宝蓝色作为点缀装饰。如点翠平安福寿如意纹头花（图2-10）和点翠凤庆纹头花（图2-11）就是以蓝色翠羽为主体、宝蓝色为点缀的装饰方式。通过整理发现，点翠首饰中普通翠鸟所特有的蓝色与白胸翠鸟的青绿色，都是被大面积使用的颜色，而蓝翡翠所特有的宝蓝色则多是作为点缀出现。

清宫旧藏点翠首饰的纹样，因其样本的数量庞大，基本能够代表清代首饰纹样的类别和特点。明清以来，吉祥纹样发展进入鼎盛期，呈现"图必有意，意必吉祥"的特点，而点翠首饰的纹样设计理念也一脉相承。点翠首饰借助纹样的转喻或谐音表情达意。清宫旧藏点翠首饰纹样种类繁多，以自然界中的花鸟草虫为形象，以吉祥符号为载体，借以抒发情志，设计出不同主题、充满巧思的首饰样式。

点翠首饰纹样可以分为祥瑞动物、自然植物、吉祥符号等类别。其中祥瑞动物纹样中最为常见的有龙纹（图2-12）、凤纹（图2-13）等通过想象组合而成的动

蓝色

图2-4 点翠镶料珠万福寿纹头花（局部）

图2-5 点翠球梅蝶纹头花（局部）

宝蓝色

图2-6 点翠云蝠双喜纹头面（局部）

图2-7 点翠蝠双喜纹头花面簪（局部）

青绿色

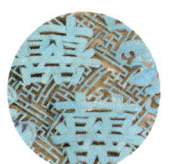

图2-8 点翠福双喜纹头面（局部）

图2-9 点翠凤吹牡丹纹头面（局部）

蓝色为主、宝蓝色点缀

图2-10 点翠平安福寿如意纹头花（局部）

图2-11 点翠凤庆纹头花（局部）

物纹样，也有蝙蝠（图2-14）、仙鹤、蝴蝶（图2-15）、松鼠（图2-16）、螃蟹（图2-17）、兔子（图2-18）、蝈蝈（图2-19）、大象等写实动物纹样。植物中常见的有牡丹（图2-20）、石榴（图2-21）、菊花、梅花、绣球花（图2-22）、荷花、葫芦（图2-23）、竹子、灵芝等纹样。吉祥符号包括常见的汉字"喜"（图2-24）、"寿"（图2-25），更有涉及佛教、道教等与宗教文化相关的纹样，如佛教八宝纹样中的盘长、万字纹（图2-26、图2-27），道教暗八仙纹样中的葫芦纹等。

清宫旧藏点翠首饰纹样呈现出以下特点：

1. 以权力为主题的纹样

清宫旧藏点翠首饰中有大量龙纹、凤纹等纹样出现。龙是最具中国特色的祥瑞动物，原是神武和力量的象征，在漫长的封建社会中被作为帝王德行和天威的标志。[1] 在中华传统文化中，龙既是中国的象征，也是皇帝的象征。凤凰被尊为鸟中之王，亦是祥瑞的象征。在中华传统文化中，常用凤凰作为皇后的象征纹样。凤凰牡丹纹样是点翠首饰中较受欢迎的纹样之一，常常被作为头簪或是装饰于钿子顶部的头面纹样出现（图2-28、图2-29）。而龙纹、凤纹这类象征皇权的纹样被常规使用，本身就凸显了宫廷女性对这类特殊纹样的使用特权。

---

[1] 吴山：《中国工艺美术大辞典》，江苏美术出版社，2011，第979页。

动物纹样

   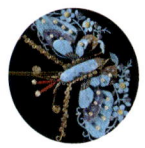

图 2-12　龙　　图 2-13　凤　　图 2-14　蝙蝠　　图 2-15　蝴蝶

图 2-16　松鼠　　图 2-17　螃蟹　　图 2-18　兔子　　图 2-19　蝈蝈

植物纹样

图 2-20　牡丹　　图 2-21　石榴　　图 2-22　绣球花　　图 2-23　葫芦

吉祥纹样

图 2-24　"喜"　　图 2-25　"寿"　　图 2-26　盘长纹　　图 2-27　万字纹

图 2-28 点翠凤凰纹头花
簪花横 20 厘米 纵 7 厘米 通长 18 厘米

图 2-29　点翠凤穿牡丹纹头面
横 31 厘米　纵 16 厘米

此外，还有一些有着明确政治寓意的纹样，例如木桶里插着万年青，寓意"一统万年"（图 2-30）。这显然不是宫廷之外普通女性适合佩戴的纹样题材。彰显特权与政治寓意是宫廷首饰纹样独有的特点。

2. 以福寿吉祥为主题的纹样

清宫旧藏点翠首饰中，最常见到的纹样当属寓意福

图 2-30 点翠平安福寿如意纹头花
簪花横 21 厘米 纵 9 厘米 通长 20 厘米

寿的纹样。例如以蝙蝠（图2-31）、葫芦（图2-32）的谐音福禄，寓意福寿。此外，如意纹样所表达的称心如意，牡丹纹样（图2-33）所代表的富贵吉祥，蝶恋花（图2-34）所体现的幸福美满，灵芝纹样所寓意的健康长寿，都是人们对美好生活的追求。此外，民间流行的具有吉祥寓意的纹样也影响着宫廷审美，例如梅花，是岁寒三友之一，喜鹊与梅花组成的喜上眉梢纹样是常见的组合。有一种说法，梅花的纹样广受欢迎，是因为梅花能于老干之上发出新枝，天寒也能开花，古人用以象征不老不衰。且梅花五瓣，民间又借以表示五福——福、禄、寿、喜、

图2-31　点翠蝠双喜纹头花
　　　　横25.5厘米　纵15.3厘米

图 2-32 点翠葫芦大吉纹头花
簪花横 17.5 厘米　纵 7 厘米　通长 16 厘米

图 2-33 点翠牡丹花纹头花
簪花横 21 厘米 纵 9 厘米 通长 20 厘米

财,是明清以来喜闻乐见的传统寓意纹样。[1] 还有些吉祥纹样源自传说,如方胜纹,"胜"原为古代神话中西王母所戴的发饰,是两个菱形压角相叠所组成的纹样。[2] 方胜纹在点翠首饰纹样中常作为点缀纹样出现。

3. 以生育为主题的纹样

后宫嫔妃最重要的职责是为皇室诞育后代。点翠首饰作为女性的装饰物,其纹样寓意也多与生育主题有关联。瓜瓞绵绵(图 2-35)、松鼠葡萄、多子石榴

---

1 吴山:《中国工艺美术大辞典》,江苏美术出版社,2011,第 987 页。
2 吴山:《中国工艺美术大辞典》,江苏美术出版社,2011,第 988 页。

图 2-34　点翠梅蝶纹头面
　　　　　横 29 厘米　纵 14.5 厘米　高 3 厘米

（图 2-36）等，都是常见常用的首饰纹样。有些纹样源自《诗经》等先秦经典。如瓜瓞绵绵源自《诗经·大雅·绵》中"绵绵瓜瓞，民之初生，自土沮漆"，原意是指周的祖先像瓜瓞岁岁相继一样，传到文王这一代才奠定了王业的基础。后世多用以祝颂子孙昌盛。"瓞"与"蝶"谐音，瓜又多子，民间以蝴蝶与瓜，组成瓜瓞绵绵纹样，寓意子孙昌盛、事业兴旺。[1] 又如昆虫蝈蝈的纹样。蝈蝈又名螽斯，《诗经》中《周南·螽斯》篇即以其生子繁多，比喻子孙满堂。点翠首饰中以蝈蝈纹样的头簪，借以祝愿皇室子孙兴旺。无论植物还是动物题材，只要寓意多子，就会成为与女性相关的装饰纹样，即便生育不是一个人能够完成的事情。

1　吴山：《中国工艺美术大辞典》，江苏美术出版社，2011，第 999 页。

图2-35 点翠瓜蝶纹头面
横34厘米 纵18厘米 高3厘米

图2-36 点翠石榴纹头花
簪花横15厘米 纵6厘米 通长14.5厘米

4. 以节庆为主题的纹样

古代女性首饰纹样讲究与四时节庆相搭配，贾玺增《古代女性头上的岁时节物》[1]一文中，将文献与文物相互印证，总结出岁时节庆适合佩戴首饰的纹样，如元旦戴梅花，花朝戴蓬叶，清明簪柳，端午戴五毒（蝎子、蜈蚣、蛇、蟾蜍、壁虎）、荔枝、石榴，夏至戴楝叶，七夕戴蜘蛛（喜蛛），立秋戴楸叶，中秋戴月兔，重阳戴茱萸、菊花，冬至戴绵羊图案等。此外，《北平风俗类征》中记录内官钉在帽中央的铎针，也有岁时节庆的佩戴规律。"元旦则大吉葫芦，元夕则灯笼，端午则天师，中秋则月光，重阳则菊花，冬至则绵羊。太子颁历日则宝历万年，其制八宝荔枝、万字鲇鱼也，万寿节则万寿洪福齐天。"[2]这些与节庆相对应的纹样，对于理解清代首饰纹样的节庆佩戴特点，同样具有借鉴的作用。清宫旧藏点翠首饰纹样中，属于节庆的纹样既有中秋的玉兔、桂花，也有重阳节的菊花（图2-37）。此外，还有一些应景的花卉，如春天的杏林春燕、夏日的荷花、秋日的菊花、冬日的梅花（图2-38）等。

5. 以科举为主题的纹样

宫廷女性的首饰，除了与江山社稷相关的纹样以外，还有一些以科举考试为主题。如"一甲传胪"纹样，

---

[1] 贾玺增：《古代女性头上的岁时节物》，《紫禁城》2016年第7期，第53—65页。
[2] 李家瑞：《北平风俗类征》，北京出版社，2017，第368页。

图2-37　点翠菊花纹头花
簪花横12厘米　纵7厘米　通长15厘米

由螃蟹和芦苇组成，取义自科举及第。因进士中选者名册用黄纸书写，故称"黄甲"，又因螃蟹甲壳金黄，故以螃蟹象征。而科举殿试后，唱名为"传胪"，遂取同音"芦"，以"芦苇"象征。深宫之中科举题材首饰纹样的出现非常有趣，是民间的审美趣味影响宫廷生活的真实写照。

6. 以宗教信仰为主题的纹样

点翠首饰中还有一些纹样，源自宗教信仰，但在发展过程中引申了其含义，变为首饰常用纹样。如盘长纹

图 2-38 点翠喜上眉梢头花
簪花横 10 厘米 纵 6 厘米 通长 13.5 厘米

图 2-39 铜镀金点翠嵌珠盘长纹帽花
均为横 7.4 厘米　纵 6 厘米

样,由模拟绳线编结而来,寓意源远流长。其纹样是一条盘曲的编结,无头无尾、无终无止,[1]既是作为佛教八宝之一,有着"回环贯彻,一切通明"之意,同时也是常见的传统吉祥纹样。(图2-39)

　　清宫点翠首饰以上这些纹样特点,既映射了宫廷女性的精神追求,又体现了宫廷生活的极致讲究,更能从中发现民间审美趣味及宗教信仰对宫廷首饰纹样的影响。

---

1 吴山:《中国工艺美术大辞典》,江苏美术出版社,2011,第989页。

第二节 点翠首饰的类型

清代宫廷首饰的类型可以分为礼制首饰与日常首饰。礼制首饰主要是指用于礼仪典制的首饰，如朝冠、朝珠、金约、领约等，点翠在这类首饰上多是作为点缀而使用，更多的、大面积使用点翠的首饰是钿子上的钿花或头面。

清人福格在笔记《听雨丛谈》中记载：

> 八旗妇人彩服，有钿子之制，制同凤冠，以铁丝或藤为骨，以皂纱或线网冒之。前如凤冠，施七翟，周以珠旒，长及于眉。后如覆箕，上窄下广，垂及于肩……左右博鬓，间以珠翠花叶，周以穿珠缨络，自额而后，迤逦联于后旒，补空处相度稀稠，以珠翠云朵杂花饰之，谓之凤钿。又有常服钿子，则珠翠满饰或半饰，不具珠旒，此与古妇人冠子之制相似也。[1]

---

[1] [清]福格：《听雨丛谈》，中华书局，1997，第184页。

钿子是一种以铁丝或藤为骨架编制而成的圆形头饰，在铁丝之上缠裹丝织物，然后插戴钿花装饰，整体形状像一个倒扣的簸箕。钿子源于满族女性包头的传统，又受到汉族女子头戴髢髻、插戴华丽首饰的影响。

钿子作为华丽的首饰类型，介于礼制首饰与日常首饰之间，兼顾了礼制首饰华丽隆重与日常首饰便于佩戴的特点。在宫廷之外，钿子也作为日常礼服中较为隆重的佩戴首饰。在反映清代中期社会生活的笔记小说《英雄儿女传》中，安骥考中科举，文中写到"安太太、舅太太都是钿子氅衣"。此外，在安骥纳妾当日，妾室"戴着满簪的钿子，穿一件纱绿地景儿衬衣儿，套一件藕色缂丝氅衣儿，罩一件石青绣花大坎肩儿，上还带了些手串，怀镜等等，衣襟上又带着成对儿的荷包"。[1]这些描述，反映出钿子和氅衣的搭配，在旗人家庭是作为比较隆重的礼服穿用。崇彝的《道咸以来朝野杂记》中也记载："妇女着礼服袍褂时，头上所戴者曰钿子。钿子分凤钿、满钿、半钿三种。其制以黑绒及缎条制成内胎，以银丝或铜丝支之外，缀点翠，或穿珠之饰。凤钿之饰九块，满钿七块，半钿五块，皆用正面一块，钿尾一大块。此所同者。所分者，则正面之上，长圆饰或三或五或七也。凤钿除新妇宜用，其他皆用满钿，孀妇及年长妇人则用

---

1 [清]文康：《儿女英雄传》，人民文学出版社，2014，第746页、第886页。

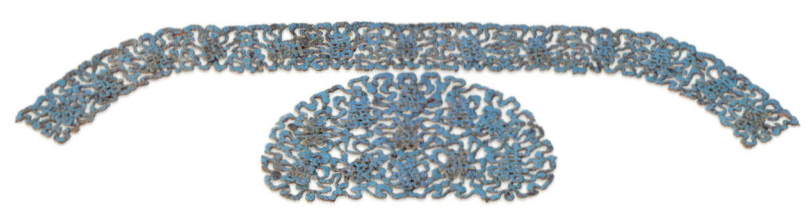

图2-40　点翠双喜纹头面
　　　　长头面　横61～72厘米　纵7厘米
　　　　圆头面　横27厘米　纵16.5厘米

半钿。"[1]

现存大量的清代宫廷点翠首饰中，涉及钿子的包括：装饰在钿子黑色骨架上部边缘和钿子顶部，成套使用的长条形头面、半圆形头面，如点翠双喜纹头面（图2-40）。装饰在钿子正面的各种圆形面簪、长圆形簪、椭圆形结子、长条状钿口等。成组的点翠首饰，如点翠镶料珠长寿字纹头花（图2-41），除了圆形、长圆形簪之外，还包括钿子顶端使用的瓶花，钿子正面使用的火珠、结子等。

清宫旧藏中的一顶盘长圆寿字纹钿花钿子（图2-42），便是对钿子构件较为全面的展示。钿子上边缘

---

1 [清]崇彝：《道咸以来朝野杂记》，北京古籍出版社，1982，第33页。

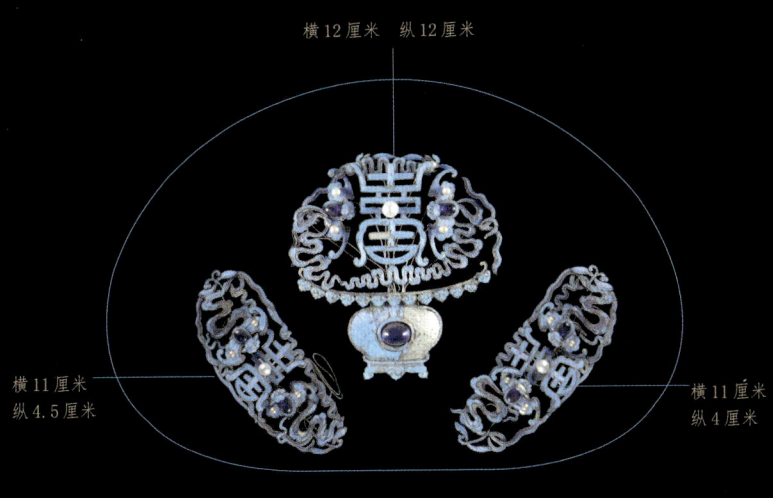

横12厘米 纵12厘米
横11厘米 纵4.5厘米
横11厘米 纵4厘米

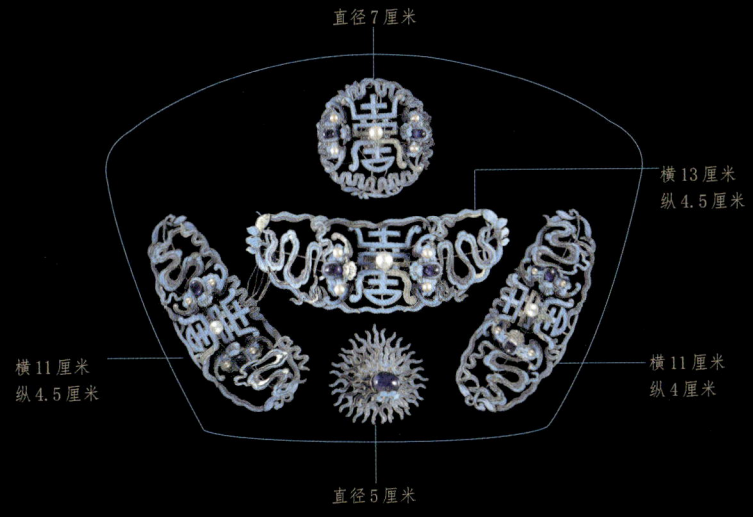

直径7厘米
横13厘米 纵4.5厘米
横11厘米 纵4.5厘米
横11厘米 纵4厘米
直径5厘米

图2-41 点翠镶料珠长寿字纹头花
8件为一组,尺寸随图标注

长条状连钱纹、寿字纹的纸胎上还能依稀看到点翠的痕迹。这条连钱纹、寿字纹装饰物即为点翠的长头面，钿子正面装饰有方形的钿花、圆形的面簪、椭圆形的结子、长条形钿口，两侧装饰有长圆形簪。钿子顶端纸胎点翠的连钱纹、福寿纹样的半圆形装饰，即为钿子顶端的圆头面，钿子顶端正中是点翠瓶花，两侧为长圆形簪。从现存的钿子实物可以看出，绝大多数使用了点翠首饰作为构件。

图 2-42　盘长圆寿字纹钿花钿子
　　　　　横 27 厘米　纵 34 厘米　高 19 厘米

圆头面

点翠瓶花

圆形面簪

长圆形面簪

图 2-43 《璇宫春霭图》（局部）
纵 184 厘米　横 72.2 厘米

图 2-44　银镀金翠条
横 27.5 厘米　纵 17 厘米　高 5.5 厘米

图 2-45　银镀金镶珊瑚米珠翠条
　　　　　横 24 厘米　纵 2.5 厘米

　　点翠头簪除了多用作钿子插戴的首饰外，还有一些头簪可能也兼作戴在真发上的首饰。如"翠条"这一名称来自首饰自身所附黄条的称呼。清宫旧藏的《璇宫春霭图》（图 2-43）中，孝全皇后梳着"两把头"[1]，头发正中戴点翠首饰，这一首饰与收贮于道光二十一年（1841）的银镀金翠条（图 2-44）极为相似。金翠条收贮时间也与《璇宫春霭图》绘画的时代相符合，可以视为翠条在真发上的使用证据。而另外两件收贮于同治元年的银镀金镶珊瑚米珠翠条（图 2-45）、银镀金翠条（图

---

[1] 金受申（1906—1968）谈老北京女性发髻："两把头"是从清初就有的一种便妆头髻，汉人妇女礼冠是"凤冠霞帔"，满人妇女礼冠是"钿子"。两把头也有三种分别，第一种是"真头发两把头"，第二种是"盘假头发两把头"，第三种是"缎子两把头"。在庚子以前，没有缎子两把头，盘假头发的两把头也很少，都是用自己真头发往上盘，所以可以算作头髻的一种。

图 2-46　银镀金翠条
　　　　横 23 厘米　纵 3 厘米

2-46），纤细窄长，更像是用在钿口位置的装饰。所以翠条是否也使用于钿子的钿口位置，尚待进一步论证。

在日常使用的首饰中，点翠工艺主要在头簪、耳环等首饰上大面积使用。如点翠镶料珠兰芝蝶纹头花（图2-47），头花主体使用点翠装饰枝叶，以宝石点缀。与现有的影像资料对比，这件光绪时期的头簪很可能是戴坤秋帽或梳"两把头"时插戴的首饰。又如点翠杏林春燕纹头花（图2-48），这类整体小巧精致的点翠头花，很可能是梳"两把头"时插戴的首饰。

耳环也是点翠装饰的重要一类，如银镀金嵌珠梅蝶竹叶纹钳子（图2-49）就是在金属胎体上整体使用点翠装饰，甚至包括细碎的竹叶也有点翠。又如银镀金点翠珊瑚双喜纹耳环（图2-50）、银镀金点翠钉珠耳环（图2-51），均以点翠作为耳环的主体，给首饰提供了整体的蓝色基调。

图 2-47 点翠镶料珠兰芝蝶纹头花
横 12 厘米 纵 9 厘米 通长 14 厘米

图 2-48　点翠杏林春燕纹头花
簪花横 11 厘米　纵 5 厘米　通长 15 厘米

图2-49　银镀金嵌珠梅蝶竹叶纹钳子
　　　　横2.5厘米　纵1.5厘米　高3厘米

图2-50　银镀金点翠珊瑚双喜纹耳环
　　　　横2.5厘米　纵1.7厘米　高2厘米

图2-51　银镀金点翠钉珠耳环
　　　　横2.5厘米　纵1.5厘米　高2.2厘米

第三节 点翠首饰的断代

故宫博物院藏点翠首饰数量3000余件,部分首饰带有清代内廷记录的黄条(图2-52),书写有头簪的名称和收贮时间。这批黄条所记录的时间,可以视为首饰的时间下限。整理这批首饰,对于首饰类型的分期具有重要的参考意义。

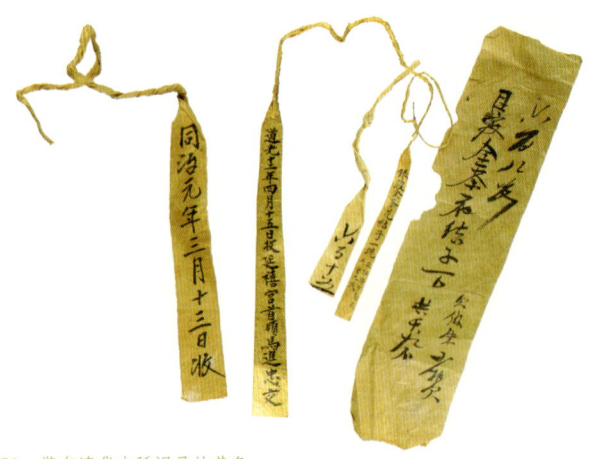

图2-52　带有清代内廷记录的黄条

1. 乾隆时期的点翠首饰

目前所见首饰附带的黄条中，最早为乾隆时期。时间从乾隆五十年（1785）至嘉庆三年（1798），信息整理如下：

表1　乾隆时期的点翠首饰

文物名	尺寸	时代
图2-53 银镀金荷花纹簪	横5.5厘米，纵4.5厘米	乾隆五十年四月初四日收，敬事房呈
图2-54 银镀金嵌宝石葫芦纹簪	横6厘米，纵4.5厘米	乾隆五十年四月初四日收，敬事房呈
图2-55 银镀金蝴蝶纹簪	簪花横5.2厘米，纵6厘米，通长14.7厘米	乾隆五十五年十月十六日收
图2-56 银镀金嵌宝石蝠寿纹簪	横9厘米，纵7.5厘米	乾隆六十三年二月初三收（此为黄条的原始信息，即1798年）
图2-57 点翠嵌珠钿花	横7～8厘米，纵2厘米	乾隆六十年十二月十四日收，敬事房呈

银镀金荷花纹簪（图2-53）和银镀金嵌宝石葫芦纹簪（图2-54）同为乾隆五十年四月初四收，两件首饰主体为金累丝工艺，镶嵌红宝石、蓝宝石，点翠只是进行了勾边的装饰。而乾隆五十五年以后收贮的银镀金蝴蝶纹簪（图2-55）和银镀金嵌宝石蝠寿纹簪（图2-56），金累丝工艺仍然为主体，但镶嵌的宝石出现了真假混用的情况，点翠使用的面积有所增加。

图2-53　银镀金荷花纹簪
　　　　横5.5厘米　纵4.5厘米

图 2-54　银镀金嵌宝石葫芦纹簪
　　　　横 6 厘米　纵 4.5 厘米

图 2-55　银镀金蝴蝶纹簪
　　　　簪花横 5.2 厘米　纵 6 厘米　通长 14.7 厘米

图 2-56 银镀金嵌宝石蝠寿纹簪
横 9 厘米 纵 7.5 厘米

　　这批首饰数量有限,以金累丝工艺为主体,大量使用珠宝,仍能看出乾隆晚期的首饰风格。点翠在这一时期的首饰上多作为勾边或者小面积的点缀使用。值得注意的是,乾隆六十年收贮的点翠嵌珠钿花(图 2-57)是一个特例,它是由钿子上拆下来的钿花,较之其他几件簪子使用的点翠的蓝色,色泽轻浅,体量比后世钿花的尺寸更为小巧。

横7厘米
纵2厘米

横7厘米
纵2厘米

横8厘米
纵2厘米

横8厘米
纵2厘米

图2-57 点翠嵌珠钿花
横7～8厘米 纵2厘米

2. 嘉庆时期的点翠首饰

与乾隆时期相比较,嘉庆、道光两朝有明确黄条记载的存世点翠首饰数量有所增加。对黄条记载收贮时间为嘉庆时期的头簪进行统计,同时收录没有黄条记录具体纪年时间,但文物底账记录为嘉庆时期的头簪,信息整理如下:

表2 嘉庆时期的点翠首饰

文物名	尺寸	时代
图2-58 银镀金盆式花簪	横10厘米,纵12厘米	嘉庆四年二月初七日收
图2-59 银镀金点翠嵌宝石茶花纹簪	簪花横3.3厘米,纵3厘米,通长11厘米	嘉庆四年五月初九日收,敬事房呈
图2-60 银镀金嵌宝石蝠寿纹簪	横8厘米,纵7.5厘米	嘉庆六年十月十五日收,敬事房呈
图2-61 银镀金点翠嵌珠莲花纹结子	横14厘米,纵5厘米	嘉庆六年十月十五日收,敬事房呈

（续表）

文物名	尺 寸	时 代
图2-62 银镀金嵌宝石佛手蜘蛛纹簪	横11厘米， 纵6厘米	嘉庆八年六月二十八日收，敬事房呈
图2-63 银镀金菊花纹结子	横18厘米， 纵7厘米	嘉庆十年九月二十八日收
图2-64 银镀金嵌宝石蝠寿纹簪	横13.5厘米， 纵7.2厘米	嘉庆十年十二月初四收
图2-65 银镀金嵌宝石蝠寿纹簪	横10厘米， 纵10厘米	嘉庆十六年二月二十日收
图2-66 银镀金喜字纹簪	横9厘米， 纵12厘米	嘉庆十六年二月二十日收
图2-67 银镀金佛手纹簪	横10厘米， 纵9厘米	嘉庆十六年二月二十日收
图2-68 银镀金葫芦纹簪	横9.5厘米， 纵10厘米	嘉庆十九年十月十八日收，敬事房呈

(续表)

文物名	尺 寸	时 代
图2-69 银镀金点翠嵌石花结	横18厘米，纵6厘米	嘉庆二十四年十月二十五日收
图2-70 铜镀金凤	横5.5厘米，纵10厘米，高4.5厘米	嘉庆

银镀金点翠嵌宝石茶花纹簪（图2-59）、银镀金嵌宝石蝠寿纹簪（图2-60）、银镀金嵌宝石佛手蜘蛛纹簪（图2-62）和银镀金嵌宝石蝠寿纹簪（图2-64），这几件嘉庆时期的首饰，明显带有乾隆时期首饰的风格特点：金累丝工艺为主体，镶嵌红宝石、蓝宝石，点翠仅仅作为首饰勾边装饰。

银镀金点翠嵌珠莲花纹结子（图2-61）、银镀金嵌宝石蝠寿纹簪（图2-65）、银镀金喜字纹簪（图2-66）、银镀金佛手纹簪（图2-67）、银镀金葫芦纹簪（图2-68）、银镀金点翠嵌石花结（图2-69），这几件结子与面簪，虽然仍是金累丝工艺为主体，仍然镶嵌宝石，但是点翠的面积明显增加，甚至使用点翠装饰的面积超过头簪一半。

图 2-58 银镀金盆式花簪
横 10 厘米 纵 12 厘米

图 2-59　银镀金点翠嵌宝石茶花纹簪
　　簪花横 3.3 厘米　纵 3 厘米　通长 11 厘米

图 2-60　银镀金嵌宝石蝠寿纹簪
横 8 厘米　纵 7.5 厘米

图 2-61　银镀金点翠嵌珠莲花纹结子
　　　　横 14 厘米　纵 5 厘米

图 2-62 银镀金嵌宝石佛手蜘蛛纹簪
横 11 厘米 纵 6 厘米

图 2-63　银镀金菊花纹结子
　　　　横 18 厘米　纵 7 厘米

图 2-64 银镀金嵌宝石蝠寿纹簪
横 13.5 厘米 纵 7.2 厘米

图 2-65　银镀金嵌宝石蝠寿纹簪
　　　　　横 10 厘米　纵 10 厘米

图 2-66　银镀金喜字纹簪
　　　　　横 9 厘米　纵 12 厘米

图 2-67　银镀金佛手纹簪
横 10 厘米　纵 9 厘米

图 2-68　银镀金葫芦纹簪
横 9.5 厘米　纵 10 厘米

图 2-69 银镀金点翠嵌石花结
横 18 厘米　纵 6 厘米

图 2-70 铜鎏金凤
宽 5.5 厘米 纵 10 厘米 高 4.5 厘米

这批黄条收贮时间记录为嘉庆时期的首饰，可以反映出这一时期的首饰仍旧以金累丝工艺为主，镶嵌有大量的宝玉石，更有钻石、琢磨玻璃等西洋新材料的使用。点翠从作为辅助工艺，仅作少量的勾边装饰，到逐渐增加了装饰面积，最终几乎整个头簪都使用点翠装饰。从18世纪开始，档案就记载了宫廷首饰使用金刚石、玻璃、珐琅等材质装饰的文献。乾隆四年档案记录了镶嵌在表壳、钩子的金刚石与玻璃，拆下之后被重新利用，镶嵌于首饰[1]。故宫博物院藏银镀金盆式花簪（前图2-58），收贮于嘉庆四年，镶嵌有经过琢磨的玻璃，就延续了乾隆时期宫廷首饰启用新材质的特点。此外，点翠的颜色除了常见的蓝色、宝蓝色外，还有银镀金点翠嵌石花结（前图2-69）那种青绿色点翠的使用，证明翠羽来自不同种类的翠鸟。

---

1 《清宫内务府造办处档案》总汇8，人民出版社，2005，第537页。"乾隆四年三月二十五日，司库刘山义、催总白世秀来说，太监毛团、高玉交，镶嵌金刚石表壳一件，镶玻璃镀金钩子一件，镶玻璃金刚石镀金钩子一件。传旨，着将金刚石并玻璃拆下，镶做簪子，先画样呈览，准时再做，钦此。"同年四月初四日"将画得嵌金刚石菊花地簪样一张、嵌玻璃寿字地簪样一张持进交太监毛团、高玉呈览，奉旨，照样准做钦此。""乾隆四年八月初一日将镶菊花簪一枝，内上嵌珠子十二颗，系二月初六日交出有用处；绿宝石四块、红宝石十六块，系钟盒上拆下；金刚石四十块、玻璃四块系表牌上拆下。镶如意簪二枝，内上嵌珠子十六颗，系二月初六日交出有用处，红宝石十六块系钟盒上拆下，金刚石七十块、玻璃四块系表牌上拆下，持进交太监毛团、胡世杰、高玉呈进讫。"

3. 道光时期的点翠首饰

根据点翠首饰所附黄条，收贮时间在道光时期的点翠首饰，及另外几件底账写着道光时期的点翠首饰，经过统计整理如下：

表3　道光时期的点翠首饰

文物名	尺寸	时代
图2-71 银镀金嵌宝石万年吉庆纹簪	横9.5厘米，纵6厘米	道光二年十月二十五日收，敬事房呈
图2-72 金镶珠宝半翅蝶簪	横7.44厘米，纵5.9厘米	道光二年十月二十五日收，敬事房呈
图2-73 银镀金东升纹簪	簪花横6.5厘米，纵3.9厘米，通长18厘米	道光二年十月二十五日收，敬事房呈
图2-74 银镀金蜻蜓纹簪	簪花横11.5厘米，纵5.2厘米，通长16厘米	道光二年十月二十五日收，敬事房呈
图2-75 银镀金点翠嵌宝石蝴蝶纹簪	簪花横9厘米，纵8厘米，通长18厘米	道光二年十月二十五日收，敬事房呈

（续表）

文物名	尺寸	时代
图2-76 银镀金蝴蝶纹簪	横10.5厘米，纵5.5厘米	道光六年五月十三日收，敬事房呈
图2-77 银镀金嵌珠宝花盆花簪	横8厘米，纵9厘米	道光十一年五月初六日收，来喜交
图2-78 银镀金嵌宝石花盆花簪	横8.5厘米，纵10厘米	道光十一年十月十八日收，睦答应交回
图2-79 银镀金嵌珠宝花盆花簪	横13厘米，纵11厘米	道光十一年十二月十四日收，睦答应交回
图2-80 银镀金福寿纹簪	横8.5厘米，纵8.5厘米	道光十二年四月十五日收，延禧宫首领马进忠交
图2-81 银镀金嵌珠宝扁豆蝴蝶纹簪	横13.5厘米，纵6.5厘米	道光十二年四月十五日收，延禧宫首领马进忠交
图2-82 银镀金嵌宝石玉蟹纹簪	簪花横5厘米，纵7厘米，通长20厘米	道光十四年五月十三日收，张和交

（续表）

文物名	尺 寸	时 代
图 2-83 银镀金嵌珠珊瑚蟹纹簪	簪花横7.5厘米， 纵5.5厘米， 通长18厘米	道光十四年五月十三日收，张和交
图 2-84 银镀金茶花结子	横7.8厘米， 纵7厘米	道光十四年五月十三日收，张和交
图 2-85 银镀金年年如意纹簪	横9厘米， 纵6厘米	道光十四年五月十三日收，张和交
图 2-86 银镀金点翠条	横21.5厘米， 纵3.5厘米	道光二十一年闰三月初六日收，鞜可交
图 2-87 银镀金事事如意纹簪	横20厘米， 纵8厘米	道光二十一年闰三月初六日收，鞜可交
图 2-88 银镀金蝠寿纹簪	簪花横15.5厘米， 纵6厘米， 通长17厘米	道光二十一年闰三月初七日收，鞜可交
图 2-89 银镀金葫芦纹簪	横9厘米， 纵9厘米	道光二十一年闰三月初六日收，鞜可交

（续表）

文物名	尺　寸	时　代
图2-90 银镀金点翠嵌宝石双喜蝠磬纹簪	横9.5厘米，纵9.5厘米	道光二十五年十月十四日收，进安交
图2-91 银镀金点翠嵌宝石蝠磬纹簪	横9.5厘米，纵9.5厘米	道光二十五年十月十四日收，进安交
图2-92 银镀金嵌宝石花盆式簪	横8厘米，纵11厘米	道光二十五年十月十四日收，进安交
图2-93 银镀金镶珠宝五凤纹钿尾	横27.5厘米，纵17厘米，高5.5厘米	道光
图2-94 银镀金嵌珠宝如意纹簪	横27厘米，纵11厘米	道光

金镶珠宝半翅蝶簪（图2-72）虽然收贮于道光二年（1822），但这对蝴蝶簪，以金累丝工艺为主体，镶嵌大量的红宝石、蓝宝石，以点翠作为勾边装饰的风

格，更具乾隆晚期首饰的风格特点。银镀金蝴蝶纹簪（图2-76）收贮于道光六年（1826），以金累丝工艺为主体，镶嵌经过琢磨的玻璃，点翠装饰面积较大等特点，与前文嘉庆四年的盆式花簪上所用琢磨玻璃的特点一致。这对蝴蝶纹头簪所用青绿色点翠，也说明所用翠鸟毛种类的不同。

图表中三件收贮于道光十一年（1831）的盆花簪（图2-77、图2-78、图2-79），从传世的钿子实物和钿花分布情况分析，应该是装饰于钿子顶部中央的主体纹饰。这三件盆花簪有着共同的风格特点，金累丝工艺的花盆主体，中央镶嵌硕大的宝石，点翠的枝叶上镶嵌有珠宝。这三件盆花簪的风格明显继承自嘉庆时期的头簪样式，并在其基础上，更多地使用点翠。其中银镀金嵌珠宝花盆花簪（图2-77），花朵镶嵌的花瓣也是经过琢磨的玻璃，这一特点也继承了自乾隆、嘉庆以来，琢磨玻璃等新材料的使用。

清代宫廷首饰，多数会随着曾经主人的离去，作为皇家财产被重新收归库房，或熔化或改用或分赏给其他宫眷，使得首饰的主人多数漫漶不可考。在众多首饰中，明确记录了首饰的所有者，也仅仅是银镀金嵌宝石花盆花簪（图2-78）和银镀金嵌珠宝花盆花簪（图2-79），这是两件曾经属于睦答应的盆花簪。[1]

---

[1] 景闻：《簪花闲话后妃事》，《紫禁城》2018年第6期，第118—123页。

睦答应，正黄旗满洲赫舍里氏，子爵奎善之女。生年不详，生辰为十月二十八日。道光二年（1822）二月参加八旗选秀，于二月二十日被指定为睦贵人。同年十一月初二日入宫。道光十年（1830）十二月二十三日诏晋睦嫔，未及册封。道光十一年（1831）八月初二日，降为睦贵人。同年九月初十日降为睦答应。道光十二年（1832）四月初三日降为官女子。同月初五日去世。被降为官女子第三日便落水身亡，失足还是寻死，已不得而知。[1]

盆花簪所记录的时间是道光十一年十月十八日，距离八月被降为睦贵人不过二月余。睦答应再次出现于史料，已经是道光十五年（1835）：其彩棺随孝慎成皇后梓宫一起奉移西陵。道光十五年九月初八日她被葬入双峰岫妃园寝。[2]

根据盆花簪栓系黄条所记录的收回时间，睦嫔在被降为贵人之后的两个月内，又被降为答应，并上交了贵重的首饰。也从另一个侧面说明，清代宫廷之中，除了后妃亡故会对首饰进行回收以外，随着首饰拥有者地位的降低，贵重首饰也会被收回。除了交回对应等级身份的礼仪服饰，如朝冠、朝服之外，钿子上所添用的钿花也会被收回。这件银镀金盆花簪参考号为"金"。根

---

[1] 王冕森：《清代后妃杂识》，上海社会科学院出版社，2022，第502—503页。
[2] 于善浦：《清代帝后的归宿》，紫禁城出版社，2006，第194页。

据《故宫物品点查报告》的记录,"金"字号的文物旧存于永寿宫内,光绪二十三年(1897)七月总管内务府折中记录"查永寿宫前后大库,系属尊藏御用物件处所"。可见永寿宫在光绪时期已成为清宫储存的库房。不同于销毁或反复利用的其他首饰,旧藏于永寿宫中的盆花簪,在睦答应之后再未被其他人使用。它们带着睦答应的人生故事,被永久地封存于紫禁城中。

图2-71　银镀金嵌宝石万年吉庆纹簪
横9.5厘米　纵6厘米

图 2-72　金镶珠宝半翅蝶簪
横 7.44 厘米　纵 5.9 厘米

金镶珠宝半翅蝶簪细节

图 2-73　银镀金东升纹簪
　　簪花横 6.5 厘米　纵 3.9 厘米　通长 18 厘米

图 2-74　银镀金蜻蜓纹簪
　　簪花横 11.5 厘米　纵 5.2 厘米　通长 16 厘米

图 2-75　银镀金点翠嵌宝石蝴蝶纹簪
簪花横 9 厘米　纵 8 厘米　通长 18 厘米

图 2-76 银镀金蝴蝶纹簪
横 10.5 厘米 纵 5.5 厘米

图 2-77 银镀金嵌珠宝花盆式簪
横 8 厘米 纵 9 厘米

图 2-78 银镀金嵌宝石花盆式簪
横 8.5 厘米 纵 10 厘米

图 2-79 银镀金嵌珠宝花盆式簪
横 13 厘米 纵 11 厘米

图 2-80　银镀金福寿纹簪
横 8.5 厘米　纵 8.5 厘米

图2-81 银镀金嵌珠宝扁豆蝴蝶纹簪
横13.5厘米 纵6.5厘米

图 2-82　银镀金嵌宝石玉蟹纹簪
　　　　簪花横 5 厘米　纵 7 厘米　通长 20 厘米

图 2-83　银镀金嵌珠珊瑚蟹纹簪
　　　　簪花横 7.5 厘米　纵 5.5 厘米　通长 18 厘米

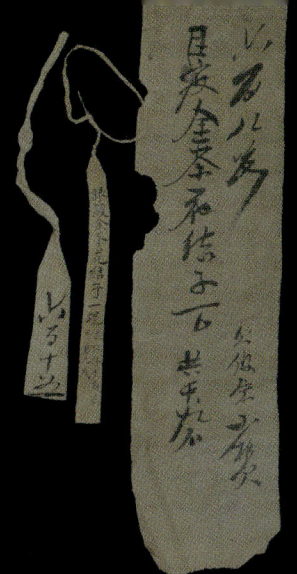

图 2-84　银镀金茶花结子
横 7.8 厘米　纵 7 厘米

图 2-85 银镀金年年如意纹簪
横 9 厘米 纵 6 厘米

银镀金点翠条（图2-86）、银镀金事事如意纹簪（图2-87）、银镀金蝠寿纹簪（图2-88）、银镀金葫芦纹簪（图2-89）等收贮于道光二十一年（1841）的首饰，以及银镀金嵌珠宝如意纹簪（图2-94）这件道光时期的簪花，都呈现出设计饱满硕大，镶嵌大量的宝玉石，点翠铺满整个首饰的装饰风格。较之乾隆、嘉庆时期的首饰，风格转变较为明显，可以视为道光时期首饰所特有的风格特点。首饰硕大饱满的装饰风格与道光朝个别龙袍的马蹄袖所呈现的宽袖风格相一致。产生这种风格变化的背景原因，则需要进一步研究。

图2-86　银镀金点翠条
横21.5厘米　纵3.5厘米

图 2-87 银镀金事事如意纹簪
横 20 厘米 纵 8 厘米

银镀金事事如意纹簪细节

图 2-88 银镀金蝠寿纹簪
簪花横 15.5 厘米 纵 6 厘米 通长 17 厘米

银镀金蝠寿纹簪细节

图2-89 银镀金葫芦纹簪
横9厘米 纵9厘米

图 2-90　银镀金点翠嵌宝石双喜蝠磬纹簪
横 9.5 厘米　纵 9.5 厘米

图 2-91 银镀金点翠嵌宝石蝠磬纹簪
横 9.5 厘米 纵 9.5 厘米

图 2-92 银镀金嵌宝石花盆式簪
横 8.5 厘米 纵 11 厘米

图 2-93 银镀金镶珠宝五凤纹钿尾
横 27.5 厘米 纵 17 厘米 高 5.5 厘米

银镀金镶珠宝五凤纹钿尾细节

图 2-94　银镀金嵌珠宝如意纹簪
　　　　横 27 厘米　纵 11 厘米

　　根据对道光时期点翠首饰的整理分析,不难看出,道光时期的点翠首饰仍然是金累丝工艺与点翠工艺相结合,延续了乾隆、嘉庆两朝镶嵌大量宝玉石的特点。有些首饰镶嵌,延续了琢磨玻璃这一新材料的使用。但是,将道光时期的首饰与乾隆、嘉庆两朝进行对比,就会发现在首饰中点翠面积使用更大,有些首饰出现了满铺点翠的特点,首饰设计呈现出硕大饱满的风格。此外,还有一点值得注意,如收贮于道光二年的银镀金点翠嵌宝石蝴蝶纹簪(前图 2-75),其蝴蝶翅膀使用缉米珠的工艺制作,影响了之后咸丰、同治、光绪时期以缉珠工艺制作头簪的风格形成。

4. 咸丰时期的点翠首饰

咸丰时期带有黄条的文物主要集中于同治元年（1862）的二月与三月，由沈魁交回。这批同治元年上交的首饰，是否能具体到某位道光、咸丰时期的妃嫔所交回，需查找档案进一步对比。但是有一点可以确定，这批首饰所体现的风格是咸丰朝乃至道光朝的特点。咸丰时期的点翠首饰，现统计整理如下：

表4 咸丰时期的点翠首饰

文物名	尺寸	时代
图2-95 银镀金镶珊瑚米珠翠条	横23厘米，纵3厘米	同治元年二月十四日收，沈魁交
图2-96 银镀金点翠条	横24厘米，纵2.5厘米	同治元年二月十四日收，沈魁交
图2-97 银镀金花篮式簪	簪花横13厘米，纵5厘米，通长16厘米	同治元年二月十四日收，沈魁交
图2-98 银镀金嵌宝石蜻蜓纹簪	簪花横10厘米，纵15.5厘米，通长18厘米	同治元年二月十四日收，沈魁交

（续表）

文物名	尺寸	时代
图2-99 银镀金嵌宝石蜻蜓纹簪	簪花横15厘米，纵5.5厘米，通长18厘米	同治元年二月十四日收，沈魁交
图2-100 银镀金蝠寿纹簪	簪花横13.5厘米，纵6厘米，通长16厘米	同治元年二月十四日收，沈魁交
图2-101 银镀金缉米珠如意纹簪	簪花横13厘米，纵6厘米，通长16厘米	同治元年二月十四日收，沈魁交
图2-102 银镀金嵌宝石海棠纹花枝	横21厘米，纵11厘米	同治元年二月十四日收，沈魁交
图2-103 银镀金缉米珠蝴蝶纹簪	簪花横13厘米，纵5厘米，通长15厘米	同治元年二月十四日收，沈魁交
图2-104 银镀金嵌宝石蝴蝶纹簪	簪花横14厘米，纵5厘米，通长14.5厘米	同治元年二月十四日收，沈魁交
图2-105 银镀金嵌珠宝蜻蜓纹簪	簪花横18厘米，纵6厘米，通长16厘米	同治元年二月十四日收，沈魁交

（续表）

文物名	尺寸	时代
图2-106 缉米珠蝴蝶簪	簪花横7.5厘米， 纵9.3厘米， 通长16.5厘米	同治元年二月十四日收，沈魁交
图2-107 银镀金点翠嵌宝石蝠寿纹簪	簪花横8厘米， 纵4.2~4.8厘米， 通长12~14厘米	同治元年二月十四日收，沈魁交
图2-108 银镀金嵌珠梅蝶竹叶纹钳子	横2.5厘米， 纵1.5厘米， 高3厘米	同治元年二月十四日收，沈魁交
图2-109 银镀金蝴蝶花卉纹簪	簪花横7厘米， 纵13厘米， 通长24.5厘米	同治元年二月十四日收，沈魁交
图2-110 银镀金嵌珠宝五凤纹钿	横24厘米， 纵14厘米	同治元年三月三十日收
图2-111 银镀金点翠嵌宝石蝠寿纹簪	横8.5厘米， 纵8.5厘米	同治元年三月三十日收
图2-112 银镀金荷叶纹簪	横8厘米， 纵8厘米	同治元年三月三十日收

（续表）

文物名	尺寸	时代
图2-113 银镀金葫芦纹帽花	横10厘米，纵11厘米	同治元年三月三十日收
图2-114 银镀金嵌珠宝松鼠纹簪	簪花横15.5厘米，纵5厘米，通长16厘米	同治元年三月三十日收
图2-115 银镀金嵌宝石人物纹簪	簪花横5厘米，纵11厘米，通长16厘米	同治元年三月三十日收
图2-116 银镀金蝴蝶纹耳挖	簪花横4厘米，纵12厘米，通长24厘米	同治元年三月三十日收
图2-117 银镀金福禄簪	簪花横11厘米，纵3.8厘米，通长15厘米	同治元年三月三十日收
图2-118 银镀金嵌宝石花盆式簪	簪花横13厘米，纵4.5厘米，通长15.5厘米	同治元年三月三十日收
图2-119 银镀金蝴蝶纹簪	簪花横12.5厘米，纵4厘米，通长14厘米	同治元年三月三十日收

(续表)

文物名	尺寸	时代
图2-120 银镀金凤簪	簪花横13.7厘米， 纵4.7厘米， 通长16.5厘米	同治元年三月 三十日收
图2-121 银镀金嵌宝石串 假珠凤纹簪	簪花横12厘米， 纵4.5厘米， 通长15厘米	同治元年三月 三十日收
图2-122 银镀金嵌宝石灵 芝纹簪	簪花横15厘米， 纵5厘米， 通长15厘米	同治元年三月 三十日收

其中银镀金点翠嵌宝石蝠寿纹簪（图2-107）、银镀金点翠嵌宝石蝠寿纹簪（图2-111），累丝工艺的蝙蝠、寿桃与大面积的点翠装饰，与前文道光时期的头簪有着相同的特点。

此外，如银镀金点翠条（图2-96）、银镀金嵌宝石海棠纹花枝（图2-102）、银镀金嵌珠宝蜻蜓纹簪（图2-105）、银镀金荷叶纹簪（图2-112）、银镀金葫芦纹帽花（图2-113）等几件首饰，虽然点翠脱落露出大面积金属胎面，但仍能看出原本是整件首饰铺满点翠装饰。这种铺满点翠、镶嵌宝石的风格，与前文收贮于道光晚期的几件头簪风格相类似。

缉珠工艺，是这一时期首饰最为突出的特点。如银镀金嵌珠宝蜻蜓纹簪（图2-105）、银镀金蝠寿纹簪（图2-100），头簪的蜻蜓、蝙蝠的翅膀使用缉珠工艺装饰。且在蜻蜓、蝙蝠翅膀平面、单色缉珠的基础上，发展出立体、多色的缉珠造型。如银镀金花篮式簪（图2-97），就是红、白两色的缉珠蝴蝶翅膀，白色立体的缉珠花卉造型。再如银镀金嵌宝石人物纹簪（图2-115）、银镀金嵌宝石花盆式簪（图2-118），人物身体复杂多色的缉珠工艺与立体的缉珠花朵，都是这一时期较为典型的缉珠装饰特点。

此外，这一时期的点翠首饰出现了新的风格特征。如银镀金蝴蝶花卉纹簪（图2-109）、银镀金凤簪（图2-120），这两件首饰上经过琢磨的花瓣，也是这一时期较为明显的装饰风格。

这批时间下限为同治元年的首饰，其装饰风格在之后光绪时期的首饰中仍然有所继承和发展，基本上代表了19世纪中后期的首饰特点。这批首饰点翠基本铺满整件首饰，出现了不同颜色的翠羽进行拼接的装饰艺术，如银镀金点翠条（图2-96）的方胜纹样和银镀金嵌宝石花盆式簪（图2-118）花盆部分，都是点翠拼接艺术的直观体现。除了铺满点翠的装饰风格之外，红宝石、红珊瑚、红色料珠等红色系真假宝石的使用，如银镀金镶珊瑚米珠翠条（图2-95）、银镀金缉米珠如意纹簪

图 2-95　银镀金镶珊瑚米珠翠条
横 23 厘米　纵 3 厘米

（图 2-101）等红色宝石、料珠的使用都具有其时代特征。陈重远《老珠宝店》[1]一书中也提道，"道光、咸丰年代崇尚红色，镶有红宝石、红珊瑚的首饰畅销又值钱。纯金或者包金首饰镶红色宝石，饰物呈红色，便俗称黄金和珠宝为红货。"书中所写道光、咸丰时期流行的"红货"首饰，与这批收贮于同治元年的点翠首饰喜爱镶嵌红色系真假宝石所反映的情况是一致的。

---

1 陈重远：《老珠宝店》，北京出版社，2006 年，第 3 页。

图 2-96　银镀金点翠条
横 24 厘米　纵 2.5 厘米

银镀金点翠条细节

129

图 2-97 银镀金花篮式簪
簪花横 13 厘米 纵 5 厘米 通长 16 厘米

图2-98 银镀金嵌宝石蜻蜓纹簪
簪花横10厘米 纵15.5厘米 通长18厘米

图 2-99　银镀金嵌宝石蜻蜓纹簪
　　簪花横 15 厘米　纵 5.5 厘米　通长 18 厘米

图 2-100　银镀金蝠寿纹簪
　　簪花横 13.5 厘米　纵 6 厘米　通长 16 厘米

图2-101　银镀金缉米珠如意纹簪
簪花横13厘米　纵6厘米　通长16厘米

图 2-102　银镀金嵌宝石海棠纹花枝
横 21 厘米　纵 11 厘米

图 2-103　银镀金缉米珠蝴蝶纹簪
簪花横 13 厘米　纵 5 厘米　通长 15 厘米

图 2-104　银镀金嵌宝石蝴蝶纹簪
簪花横 14 厘米　纵 5 厘米　通长 14.5 厘米

图 2-105　银镀金嵌珠宝蜻蜓纹簪
簪花横 18 厘米　纵 6 厘米　通长 16 厘米

图2-106 缉米珠蝴蝶簪
簪花横7.5厘米 纵9.3厘米 通长16.5厘米

横8厘米　　　　　横8厘米
纵2厘米　　　　　纵2厘米
通长12厘米　　　通长14厘米

图2-107　银镀金点翠嵌宝石蝠寿纹簪
　　　　簪花横8厘米　纵4.2～4.8厘米　通长12～14厘米

图 2-108 银镀金嵌珠梅蝶竹叶纹钳子
横 2.5 厘米 纵 1.5 厘米 高 3 厘米

图 2-109　银镀金蝴蝶花卉纹簪
簪花横 7 厘米　纵 13 厘米　通长 24.5 厘米

银镀金嵌珠宝五凤纹钿细节

图2-110 银镀金嵌珠宝五凤纹钿
横24厘米 纵14厘米

图 2-111 银镀金点翠嵌宝石蝠寿纹簪
横 8.5 厘米 纵 8.5 厘米

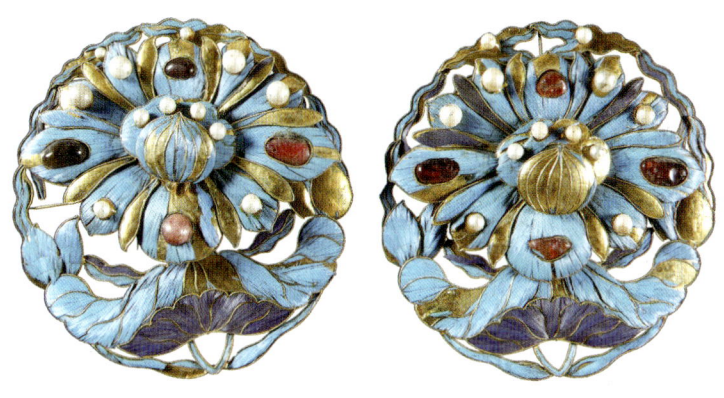

图2-112 银镀金荷叶纹簪
横8厘米 纵8厘米

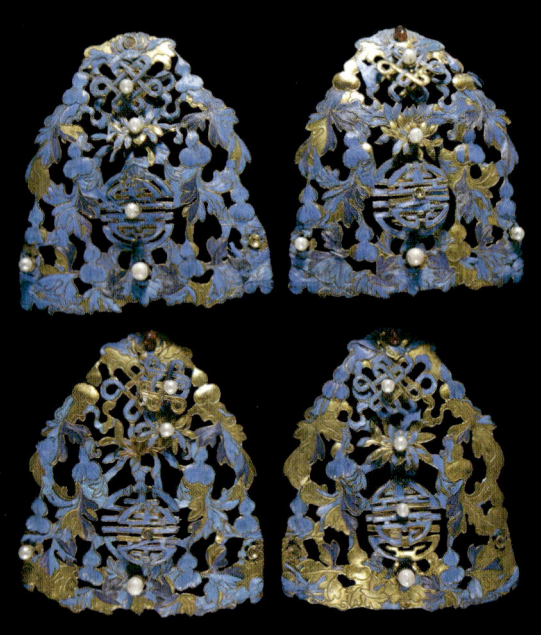

图 2-113　银镀金葫芦纹帽花
横 10 厘米　纵 11 厘米

图2-114 银镀金嵌珠宝松鼠纹簪
簪花横15.5厘米 纵5厘米 通长16厘米

图 2-115　银镀金嵌宝石人物纹簪
　　　　簪花横 5 厘米　纵 11 厘米　通长 16 厘米

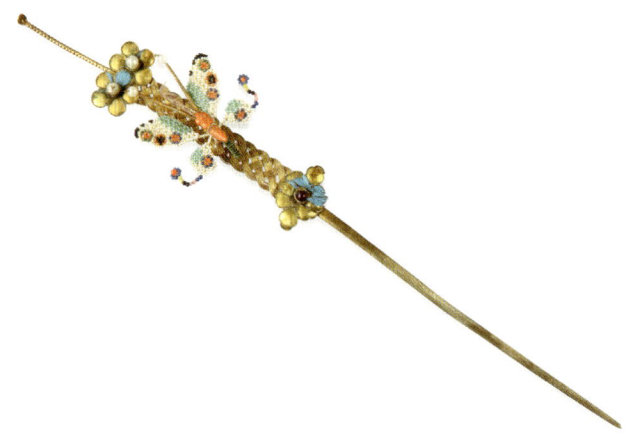

图2-116　银镀金蝴蝶纹耳挖
　　　　簪花横4厘米　纵12厘米　通长24厘米

图2-117　银镀金福禄簪
　　　　簪花横11厘米　纵3.8厘米　通长15厘米

图2-118 银镀金嵌宝石花盆式簪
簪花横13厘米 纵4.5厘米 通长15.5厘米

图 2-119　银镀金蝴蝶纹簪
　　　　簪花横 12.5 厘米　纵 4 厘米　通长 14 厘米

图 2-120　银镀金凤簪
　　　　簪花横 13.7 厘米　纵 4.7 厘米　通长 16.5 厘米

图 2-121　银镀金嵌宝石串假珠凤纹簪
　　簪花横 12 厘米　纵 4.5 厘米　通长 15 厘米

图2-122 银镀金嵌宝石灵芝纹簪
簪花横15厘米 纵5厘米 通长15厘米

5. 光绪时期的点翠首饰

除了以上列举有黄条记录及最终收贮时间的点翠首饰之外，光绪时期宗室进献给内廷的首饰，因为有着较为完整的玻璃盒外包装，并将进献者的身份写在绫签上，成为这一时期点翠首饰重要的断代证据。目前整理出的宗室主要有隐志郡王一支、惇勤亲王一支、恭忠亲王一支、孚敬郡王一支。另有比皇帝辈分高，在皇室中较有地位的宗室，如嘉庆皇帝的孙辈奕谟贝子，其福晋就进献有头簪数支。根据绫签上宗室的晋封履历，结合卒年谥号等信息，可以对进献头簪的年代做出判断。

（1）根据封号断代

在这批宗室进献的点翠首饰中，如点翠镶料珠双鹤万寿纹头花（图2-123）、点翠镶料珠万寿鹤纹头花（图2-124）、点翠镶料珠福如东海纹头花（图2-125）、点翠镶料珠菊花盘长福寿纹头花（图2-126）、点翠镶料珠万福万寿纹头花（图2-127）、点翠料石珠葫芦花蝶纹头花（图2-128），原装玻璃盒附有绫签，上书"进贝勒衔固山贝子奴才奕谟之夫人跪"。奕谟，惠端亲王第六子，嘉庆皇帝之孙。光绪十年升贝子，光绪十五年（1889）加贝勒头衔，奕谟于光绪三十一年（1905）七月去世。根据绫签所写"进贝勒衔"。这批头簪的时代上限为光绪十五年。现统计整理如下：

表5　光绪时期贝勒衔固山贝子奕谟夫人进献的点翠首饰

文物名	尺　寸	进献者
图2-123 点翠镶料珠双鹤万寿纹头花	簪花横12.5厘米， 纵5厘米， 通长13厘米	贝勒衔固山贝子奕谟夫人
图2-124 点翠镶料珠万寿鹤纹头花	簪花横12厘米， 纵5厘米， 通长12厘米	贝勒衔固山贝子奕谟夫人
图2-125 点翠镶料珠福如东海纹头花	簪花横12厘米， 纵5.5厘米， 通长13厘米	贝勒衔固山贝子奕谟夫人
图2-126 点翠镶料珠菊花盘长福寿纹头花	簪花横12厘米， 纵4.5厘米， 通长11厘米	贝勒衔固山贝子奕谟夫人
图2-127 点翠镶料珠万福万寿纹头花	簪花横12厘米， 纵5厘米， 通长12厘米	贝勒衔固山贝子奕谟夫人
图2-128 点翠料石珠葫芦花蝶纹头花	横14厘米， 纵5厘米， 通长16厘米	贝勒衔固山贝子奕谟夫人

图2-123 点翠镶料珠双鹤万寿纹头花
簪花横12.5厘米 纵5厘米 通长13厘米

图2-124 点翠镶料珠万寿鹤纹头花
簪花横12厘米 纵5厘米 通长12厘米

图 2-125　点翠镶料珠福如东海纹头花
　　　　簪花横 12 厘米　纵 5.5 厘米　通长 13 厘米

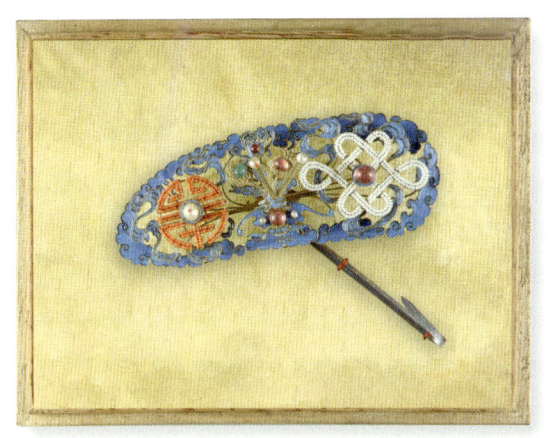

图 2-126　点翠镶料珠菊花盘长福寿纹头花
　　　　　簪花横 12 厘米　纵 4.5 厘米　通长 11 厘米

图 2-127　点翠镶料珠万福万寿纹头花
　　　　　簪花横 12 厘米　纵 5 厘米　通长 12 厘米

图 2-128　点翠料石珠葫芦花蝶纹头花
横 14 厘米　纵 5 厘米　通长 16 厘米

以晋封履历判断年代的还有点翠镶料珠万蝠葫芦纹头花（图2-129）、点翠镶料珠万福纹头花（图2-130）、点翠镶料珠吉庆如意纹头花（图2-131），簪花所进献的绫签上写着"进和硕恭亲王溥伟夫人奴才跪"。溥伟系恭亲王奕䜣之孙，贝勒载滢之子，光绪六年（1880）出生，光绪二十四年（1898）袭封恭亲王爵位。所以这些头簪的时间上限为光绪二十四年溥伟袭封恭亲王爵位之后。

表6　光绪时期和硕恭亲王溥伟夫人进献的点翠首饰

文物名	尺　寸	进献者
图2-129 点翠镶料珠万蝠葫芦纹头花	横11.5厘米，纵5厘米，通长13厘米	和硕恭亲王溥伟夫人
图2-130 点翠镶料珠万福纹头花	横13.5厘米，纵5厘米，通长16厘米	和硕恭亲王溥伟夫人
图2-131 点翠镶料珠吉庆如意纹头花	横14厘米，纵5厘米，通长12厘米	和硕恭亲王溥伟夫人

图 2-129　点翠镶料珠万蝠葫芦纹头花
　　　　　横 11.5 厘米　纵 5 厘米　通长 13 厘米

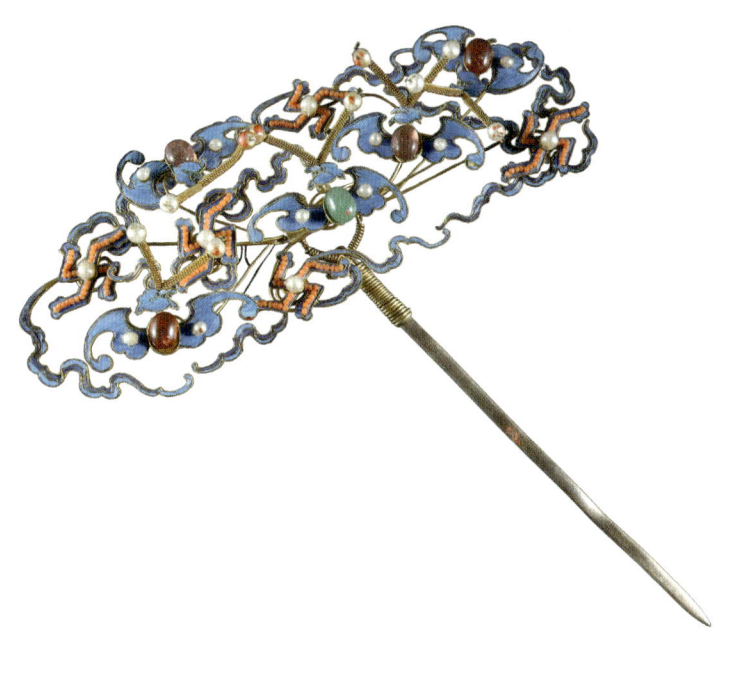

图 2-130 点翠镶料珠万福纹头花
横 13.5 厘米 纵 5 厘米 通长 16 厘米

图2-131　点翠镶料珠吉庆如意纹头花
　　　　　横14厘米　纵5厘米　通长12厘米

（2）根据谥号断代

除了根据晋封时代进行断代之外，根据进献者卒年谥号亦可以推断时代。

如点翠镶料石葫芦花蝶纹头花（图2-132），原盒附绫签"进亲王衔多罗孚敬郡王福晋跪"。孚敬郡王于光绪三年（1877）二月薨逝，谥号"敬"，据此判断这件簪子的时间上限应为光绪三年。另一件点翠镶料石葫芦

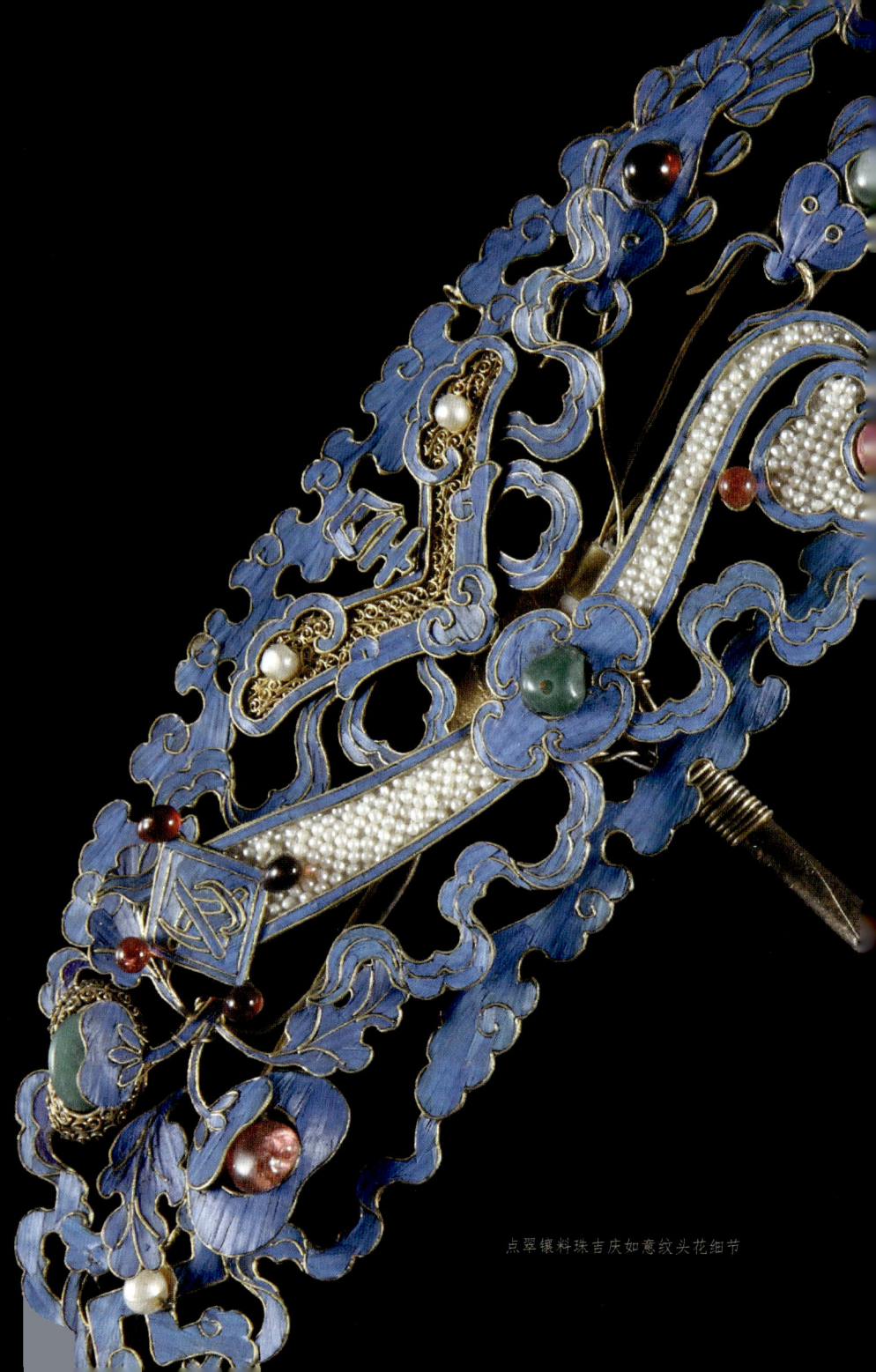

点翠镶料珠吉庆如意纹头花细节

图 2-132　点翠镶料石葫芦花蝶纹头花
　　　　　簪花横 14 厘米　纵 5.5 厘米　通长 14.5 厘米

花蝶纹头花（图 2-133）原盒附绫签"进郡王衔多罗果敏贝勒奴才载澄次女跪"。载澄为恭亲王奕䜣之子，光绪十一年（1885）卒，谥号"果敏"，这件其女进献的头簪年代上限应为光绪十一年。同样依靠谥号判断时代的还有点翠镶料珠兰芝蝶纹头花（图 2-134），原盒绫签"进臣和硕惇勤亲王二、三侧福晋跪"。惇勤亲王奕誴乃道光皇帝之子，光绪十五年（1889）卒，谥号"惇勤"。所以此件头花的时间上限应为光绪十五年（1889）。点翠镶料石鹤福寿纹头花（图 2-136），原盒附绫签

"进和硕恭忠亲王第五女奴才跪",恭亲王奕䜣于光绪二十四年(1898)四月初十日病逝,谥号"忠",根据绫签上面的谥号可知,这件头簪的时间上限为光绪二十四年。

表7 光绪时期多罗孚敬郡王福晋等人进献的点翠首饰

文物名	尺 寸	进献者
图2-132 点翠镶料石葫芦花蝶纹头花	簪花横14厘米, 纵5.5厘米, 通长14.5厘米	亲王衔多罗孚敬郡王福晋
图2-133 点翠镶料石葫芦花蝶纹头花	簪花横14.5厘米, 纵5.5厘米, 通长16厘米	郡王衔多罗果敏贝勒奴才载澄次女
图2-134 点翠镶料珠兰芝蝶纹头花	横12厘米, 纵9厘米, 通长14厘米	和硕惇勤亲王二、三侧福晋
图2-135 点翠海棠叶蝈蝈纹头花	簪花横9厘米, 纵5厘米, 通长12厘米	和硕恭忠亲王第五女奴才
图2-136 点翠镶料石鹤福寿纹头花	簪花横14厘米, 纵4.5厘米, 通长13厘米	和硕恭忠亲王第五女奴才

图2-133 点翠镶料石葫芦花蝶纹头花
簪花横14.5厘米 纵5.5厘米 通长16厘米

点翠镶料石葫芦花蝶纹头花细节

图 2-134　点翠镶料珠兰芝蝶纹头花
　　　　　横 12 厘米　纵 9 厘米　通长 14 厘米

图 2-135　点翠海棠叶蝈蝈纹头花
　　　　　簪花横 9 厘米　纵 5 厘米　通长 12 厘米

图 2-136　点翠镶料石鹤福寿纹头花
　　　　　簪花横 14 厘米　纵 4.5 厘米　通长 13 厘米

（3）其他宗室

除了上述通过封号或者谥号时间进行断代，还有根据进献者生活的时间推断为光绪时期的点翠首饰。

如点翠镶料石葫芦花鹤纹头花（图2-137）、点翠镶料珠太平有象纹头花（图2-138），包装的原盒附绫签"奴才溥伦夫人跪"。爱新觉罗·溥伦（1874—1927），成哲亲王永瑆玄孙，贝勒载治第四子，过继给道光皇帝长子隐志郡王奕纬为嗣孙。光绪七年（1881）袭贝子，光绪二十年（1894）加贝勒。其妻所进献的这几件头簪，推断时间应该是在光绪时期。

另有点翠镶料珠灵仙祝寿蝠纹头花（图2-139）、点翠镶料珠福桃如意纹头花（图2-140）、点翠镶料珠万福万寿纹头花（图2-141），原盒上附绫签"进奴才载澜之妻跪"。载澜（1856—1916），道光皇帝之孙，惇勤亲王奕誴第三子。因支持义和团受到牵连，光绪二十七年（1901）被遣戍新疆。其妻进献的这几件头簪，应该也是在光绪时期。

表8 光绪时期溥伦夫人等人进献的点翠首饰

文物名	尺 寸	进献者
图2-137 点翠镶料石葫芦花鹤纹头花	横14厘米， 纵6厘米， 通长15厘米	溥伦夫人
图2-138 点翠镶料珠太平有象纹头花	横15厘米， 纵5厘米， 通长10厘米	溥伦夫人
图2-139 点翠镶料珠灵仙祝寿蝠纹头花	簪花横11.5厘米， 纵4.5厘米， 通长14厘米	载澜之妻
图2-140 点翠镶料珠福桃如意纹头花	簪花横11厘米， 纵3.5厘米， 通长12.5厘米	载澜之妻
图2-141 点翠镶料珠万福万寿纹头花	簪花横13厘米， 纵5厘米， 通长15厘米	载澜之妻

图 2-137　点翠镶料石葫芦花鹤纹头花
　　　　横 14 厘米　纵 6 厘米　通长 15 厘米

图 2-138　点翠镶料珠太平有象纹头花
横 15 厘米　纵 5 厘米　通长 10 厘米

图 2-139 点翠镶料珠灵仙祝寿蝠纹头花
簪花横 11.5 厘米 纵 4.5 厘米 通长 14 厘米

图2-140　点翠镶料珠福桃如意纹头花
　　　　簪花横11厘米　纵3.5厘米　通长12.5厘米

图2-141　点翠镶料珠万福万寿纹头花
　　　　簪花横13厘米　纵5厘米　通长15厘米

根据这些进献者的宗室信息，可以对这批宗室进献的点翠头簪时代作出一个基本判断，即这批点翠头簪进献的时间应该是光绪时期，从光绪三年（1877）到光绪二十七年（1901），基本上可以作为整个光绪时期点翠头簪装饰风格的代表，并作为断代的证据之一。分析这批点翠头簪的样式和尺寸，可以看出除了日常佩戴的头簪，更多的是钿子上作为装饰的钿花。通过整理上述光绪时期的头簪，可以发现这一时期的点翠头簪具有以下特点。

首先是点翠头簪的基础轮廓，喜欢以枝蔓、祥云、飘带勾勒出外在的轮廓线条，线条具有纤细流动的美感。如点翠镶料珠菊花盘长福寿纹头花（前图2-126）的祥云外轮廓，点翠镶料珠万福纹头花（前图2-130）的飘带外轮廓，点翠镶料石葫芦花蝶纹头花（前图2-132）的枝蔓外轮廓，都呈现出纤细、流动、柔美的风格特点。

其次，缉珠工艺的使用，包括缉米珠、缉珊瑚米珠、缉彩色玻璃珠等。通过对清宫旧藏首饰的整理可以发现，首饰采用缉珠方式装饰，流行于道光、咸丰时期，最初主要是缉米珠、缉珊瑚米珠的装饰手法。如点翠镶料珠菊花盘长福寿纹头花（前图2-126），其缉珊瑚米珠的圆寿字与缉米珠的盘长图案即为缉珠工艺装饰首饰的典型代表。随着玻璃（料珠）工艺的不断精进，首饰上使用的缉珠开始出现彩色的玻璃珠。这批光绪时期的首饰，继承了缉珠装饰的特点，玻璃材质的使用更加丰富了缉珠工艺的色彩。同时，自咸丰、同治时期开始流行的立体缉珠工艺，也影响了这一时期首饰上的缉珠装饰向着丰富立体的方向发展。如点翠镶料石葫芦花蝶纹头花（前图2-133）中央花朵的花瓣，点翠镶料珠双鹤万寿纹头花（前图2-123）的凤凰头部与身体，处理方式即用彩色玻璃珠呈现出立体形态。

通过整理这批光绪时期的点翠首饰，发现其镶嵌的材料不论真假，都偏爱翡翠、碧玺、红色宝石（红色料石）、红珊瑚等材质。只是这一时期出现了以玻璃（料器）代替真翡翠、宝石的特点。此外，广片的使用，即将翡翠加工成薄片作为蝴蝶或者蝙蝠翅膀的方式，也是这一时期较为常见的特点。如点翠镶料石葫芦花蝶纹头花（前图2-133）的蝴蝶翅膀，与点翠镶料石鹤福寿纹头花（前图2-136）的蝙蝠翅膀，均是这一时期流行的装饰方式。清代《都门竹枝词》中提及"腰间古董争开店，第一鲜明翡翠搬"，《草珠一串》中"班指要人知翡翠，轻寒尤把扇频摇"[1]，可见翡翠作为佩饰材质，从清中期开始流行。光绪时期首饰对翡翠材质的大量使用，显然是继承自清中期以来对于翡翠材质的偏爱。

这批光绪时期的首饰，点翠满铺，头簪外轮廓具有线条流畅、纤细、柔美的特点。缉珠工艺除了缉米珠、珊瑚米珠之外，增加了其他彩色玻璃珠的使用和更多立体复杂设计的应用。头簪所用镶嵌材质多喜爱用翡翠、碧玺等红绿色调的宝玉石，同时也多使用玻璃（料珠）

---

1 李家瑞：《北平风俗类征》，北京出版社，2017，第374页。

仿制的翡翠、红宝石和珍珠。

以上黄条所记载的乾隆、嘉庆、道光、同治时期的首饰，多旧藏于永寿宫库房内，与台北故宫博物院所藏首饰同收贮于一处。收贮时间较为集中，多为成批次收贮保管。台北故宫博物院陈慧霞在《清代宫廷妇女簪饰流变》[1]一文中对这批永寿宫旧藏进行了深入的分析，根据成批收贮的时间，结合档案记载和嫔妃去世的时间，对部分收录年份集中的首饰的原主人进行了推测。《清代宫廷妇女簪饰流变》提及的台北故宫博物院咸丰三年（1853）所收首饰，同时具有乾隆四十年（1775）黄条的情况，在北京故宫博物院所藏的首饰中尚未有发现。所以首饰的时代判断，基本可以视所附黄条时间为时代下限。

根据所附带的黄条收贮时间，可以整理出从乾隆晚期至咸丰时期的首饰风格，展现了18世纪末至19世纪上半叶宫廷点翠首饰的特点。碍于本院早期首饰资料的欠缺，目前能看到的乾隆时期首饰数量极为有限，需要结合嘉庆时期的首饰一起分析。乾隆、嘉庆时期的首饰以金累丝工艺为主体，点翠多作为点缀辅助。首饰镶嵌除了大量的真宝玉石外，像经过琢磨的玻璃类的西洋材质亦开始使用。通过文献可知首饰镶嵌新材质的特点，

---

1 陈慧霞：《清代宫廷妇女簪饰流变》，载赖毓芝、高彦颐、阮圆主编《看见与碰触性别——近现代中国艺术史新视野》，石头出版股份有限公司，2020，第50—86页。

延续自乾隆时期钻石、珐琅、玻璃等材质的使用。嘉庆时期的首饰，基本延续了乾隆时期的首饰特点。

道光、咸丰时期的宫廷点翠首饰，具有承前启后的特点。首饰满铺点翠的同时，根据不同翠羽的颜色出现了拼接装饰的新特点。道光、咸丰时期流行的红色宝石装饰风格，也在同治元年收贮的首饰上有所体现。19世纪中叶以后广泛流行的米珠、料珠等缉珠工艺装饰风格也开始出现。缉珠工艺呈现出从平面到立体，从米珠到彩色玻璃珠等工艺发展变化。值得一提的是，道光时期的首饰具有粗犷、硕大的特点。这一特点与道光时期服饰中出现的宽袖风格相吻合。这是否体现了道光时期的装饰风格，这些特点所产生的原因，都有待进一步的研究。

总体而言，19世纪上半叶的点翠首饰，整体呈现出以下特点：以金累丝工艺为主体，点翠为辅助，镶嵌大量的珠宝作为装饰。继而向大面积使用点翠，金累丝工艺为辅助，镶嵌体量较小的珠宝作为装饰发展变化。

光绪时期的点翠首饰，目前收贮数量最多，占到了整个院藏的绝大多数。其中一批点翠首饰，根据原包装玻璃盒上绫签所写的进献者身份，通过对其封号或谥号的时间确定，可以判断出首饰的时代上限。这批首饰呈现出线条纤细、柔美，点翠大面积使用，多镶嵌翡翠、碧玺、玻璃等材质，宝玉石的体量较小，延续了道光以来使用缉珠工艺装饰等特点。这批点翠首饰基本代表了19世纪下半叶宫廷首饰的风格特点，与前文提及的道光、咸丰朝首饰共同呈现出19世纪点翠首饰的一个基本面貌。

通过整理故宫博物院所藏点翠首饰，对附带有时间信息和身份信息的点翠首饰进行分类整理，能够较为清晰地梳理出点翠首饰的发展脉络，对宫廷首饰断代具有重要的价值。

第三章

点翠首饰附带的商业历史信息

第一节 苏州：新旧商圈并存的零售格局

清代前中期宫廷使用的翠鸟毛主要是来自暹罗，翠鸟毛借由暹罗的朝贡贸易，以礼品形式进入宫廷。其特点是供应量大，货源充足，甚至还出现了大量翠鸟皮因为使用不完而腐烂的现象。但到了清代晚期，这种由暹罗王室组织，借朝贡贸易直接向宫廷供应翠鸟毛的局面出现了改变。道光十年（1830）之后，中国与暹罗之间的传统贸易模式开始衰落，过去借由暹罗朝贡贸易直接获得大量翠鸟毛的局面已不复存在[1]。原先由暹罗王室

---

1 吴汉源:《朝贡与利润——1652—1853年的中暹贸易》，王杨红、刘俊陶、吕俊昌译，社会科学文献出版社，2021，第256页。

垄断的中暹朝贡贸易衰落，意味着朝贡使团的减少乃至终止。咸丰二年（1852）暹罗使团遭遇太平军袭击，财物尽失。次年，暹罗国王拉玛四世以太平天国运动影响为由停止入贡。之后，这种朝贡贸易被无限期推迟，最终到了光绪八年（1882），暹罗终止对华朝贡[1]。

旧有的朝贡贸易从衰落走向终止，清朝宫廷原有的翠鸟毛供应渠道发生了改变：由原先靠暹罗使团赠送翠鸟毛直接用于首饰制作，转变为向社会购买成品或半成品的点翠首饰。目前故宫博物院藏部分点翠首饰上，附有商号的信息，通过这些商号信息，可以追溯晚清宫廷点翠首饰的来源城市、来源铺面、铺面所在街区。结合地方志等文献材料，可管窥其所在城市的零售商圈格局，首饰行、加工翠毛的翠花行在晚清时期所在城市的分布情况。

目前故宫博物院藏清宫首饰中，共有87件点翠首饰可以通过商标内所附的商号信息追溯其来源城市、销售商、销售街区。在这些首饰中，有77件头面、8件簪子，大部分为清代末期制作。目前可以找到3组清宫旧藏点翠首饰来自苏州的商号。如果追溯商号的所在地，则分别来自阊门和胥门，首饰用的翠毛则可能来自广东。

---

[1] 吴汉源：《朝贡与利润——1652-1853年的中暹贸易》，王杨红、刘俊陶、吕俊昌译，社会科学文献出版社，2021，第270—271页。

编号"故 71477-9"的点翠梅竹蝶双喜纹头面。(图 3-1),附有原先售卖时的纸质包装盒,包装盒盖内侧印有(图 3-2):

庆丰号:姑苏胥门内歌薰桥址,首大街西察院南首朝西门面,专办上用翠花。

图 3-1　点翠梅竹蝶双喜纹头面
　　　　 横 32.5 厘米　纵 18 厘米　高 3.5 厘米

图 3-2　点翠梅竹蝶双喜纹头面
　　　　 包装盒盖内侧之商标戳记

与该文物同在一组的还有18件点翠头面文物,包装盒上虽然没有商标,但和这件点翠梅竹蝶双喜纹头面一样,纹饰均为梅竹蝶双喜纹,尺寸大小、外包装款式也大体雷同。(图3-3、图3-4)在1925年清室善后委员会点查清宫时,这一组19件文物均被冠以"测字三二八号"的千字文参考号,因此推测这18件首饰可能也为同一家商号所产,被同一批购买,并被存放在一处。

故宫博物院藏编号"故71481-7"的点翠福双喜纹头面(图3-5),附有原先售卖时的纸质包装盒,包装盒盖内侧印有(图3-6):

> 庆丰号:姑苏胥门内歌薰桥址,首大街西察院南首朝西门面,专办上用翠花。

同在"故71481"一组之内,分号为6的点翠福双喜纹头面(图3-7)所附的包装盒盖内侧印有(图3-8):

> 姑苏阊门内乐桥东堍汤家巷内乔公顺号,满汉宫式、各省时样翠花,龙凤诰命凤冠,发客图书为记不误。

这两件头面在同一编号组下,占用不同分号,但纹饰、包装款式大体一致,尺寸基本相同。另外该组头面下另有6件分号文物包装盒上未印有商标信息(图3-9),但它们的纹饰、包装样式、尺寸也与前面所述两件基本相同,因此推测这8件头面都是生产自苏州,虽然可能出自不同的商行,但或许是因为本地共通的流行趋势、共同的工艺传统,让这6件首饰的包装在外观上趋同。目前故宫博物院另藏有308件在"测字三二八"千字文编号号段的点翠头面,在制作工艺、包装样式上高度接近。因此可推测这308件点翠头面也是来自苏州的商行,用苏州本地的传统方式包装,并在采购进入宫廷后,被放置在一处。

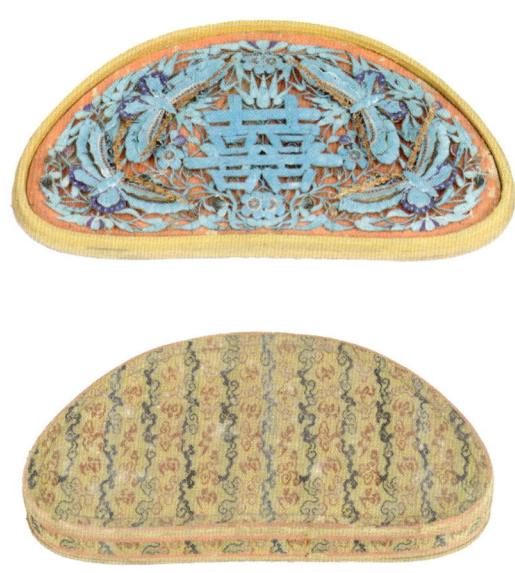

图 3-3 点翠梅竹蝶双喜纹头面
横 32.5 厘米 纵 18 厘米 高 3.5 厘米

图 3-4　点翠梅竹蝶双喜纹头面
横 30 厘米　纵 17.5 厘米　高 3 厘米

图 3-5　点翠福双喜纹头面
　　　　横 29 厘米　纵 19.6 厘米　高 3.3 厘米

图 3-6　点翠福双喜纹头面
　　　　包装盒盖内侧之商标戳记

图 3-7　点翠福双喜纹头面
　　　横 29 厘米　纵 19.6 厘米　高 3.3 厘米

图 3-8　点翠福双喜纹头面
　　　包装盒盖内侧之商标戳记

图 3-9　点翠福双喜纹头面
横 33 厘米　纵 18 厘米　高 3.4 厘米

　　故宫博物院还藏有一对编号"故 71147"的名为"点翠花蝶纹头花"的簪子（图 3-10）。这两件簪子被放置在原包装的锦盒之中，锦盒盖子内侧印有商标，上书（图 3-11）：

　　袁协昌号：向在江宁珠宝廊，顺兴号分于姑苏阊门内乐桥汤家巷，再增另分协昌字号，专办满汉山陕飞禽走兽攒扎龙凤珠冠、玉花翠垫、人物花朵，发客凡赐顾者不误。

　　这三组盒盖内侧商标所透露的商号方位大致能与文

图 3-10　点翠花蝶纹头花
　　　簪花横 19 厘米　纵 10 厘米　通长 18 厘米

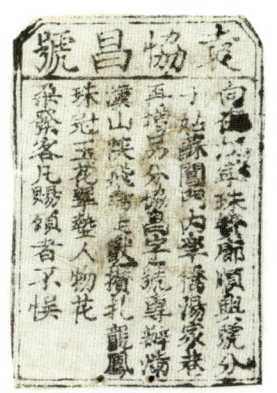

图 3-11 点翠花蝶纹头花
包装盒盖上之商标戳记

献资料记载的近代苏州商业零售格局相吻合（图 3-12）。其中编号"故 71477-6"的点翠福双喜纹头面为阊门内乔公顺号出售，编号"故 71147"的点翠花蝶纹头花为阊门内袁协昌号分号销售。据民国时期修成的《吴县志·物产志一》记载：

> 翠花：出清嘉坊，取翠鸟羽毛为之，翠毛来自广东而镂刻花鸟云头，极工巧，以佐贵重首饰，业此者今曰点翠。[1]

方志中提到的清嘉坊在今日的苏州市中街路南段，

---

1 [清]曹允源、李根源纂《吴县志》卷五一，民国二十二年铅印本，第17页。

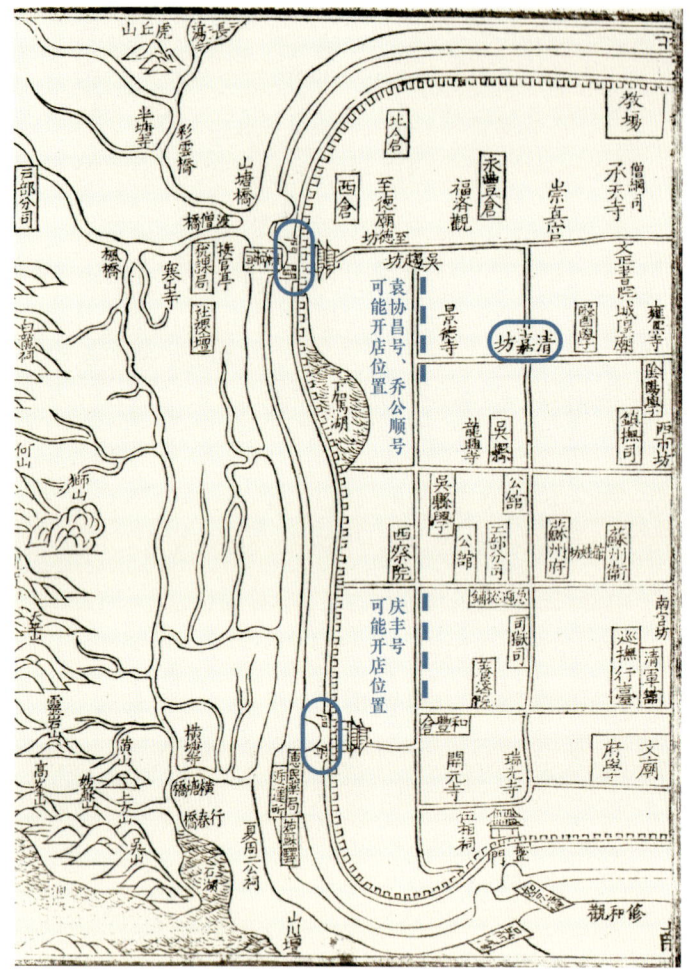

图 3-12 正德《姑苏志》中的苏州地图
阊门、胥门、清嘉坊及商号方位推测系笔者标注[1]

---

1 [明]王鏊等纂《姑苏志》目录,林世远修,明正德元年刊嘉靖时期增修本。

而首饰商标所提及的汤家巷的道路名至今仍在苏州保留，为清嘉坊的相邻并行道路，相距极近，皆在传统的城西北商业繁华地阊门（图3-13、图3-14）内，可视为同一商圈。民国时期编纂的《吴县志》所描述的苏州翠花出自清嘉坊一带的商业格局，可能在清末时期就已经形成。

另一编号为"故71481-7"的点翠头面，其商标显示商号地址为胥门内（图3-15）的歌薰桥，此为20世纪之后的新兴商圈。不同于城西北阊门的长期繁荣，苏州城西南的胥门长时期内一直相对冷僻，但这种局面在光绪年间发生变化。20世纪初，苏州修筑了从城南"通商场"[1]经过胥门再到阊门的马路，使得胥门邻近地段因为吸收了城南的人流客流而繁荣起来，阊门也变得更加热闹[2]。编号为"故71481-7"的点翠头面的首饰商号将铺面设在胥门内的歌薰桥，时间或许是在清末胥门由冷僻之处变成繁华商圈之后。

《吴县志》中提到了苏州的翠花行"翠毛来自广东"。广东为过去中暹贸易的中心港口，也是翠鸟毛作为货物进入中国的第一站。虽然道光十年之后，由暹罗王室经营的中暹传统贸易逐步衰落，但是仍有暹罗的华商继

---

[1] 通商场是苏州开埠之后，在苏州南城墙外为外国人开辟的一片通商场所，又名"各国租界"或"公共租界"。
[2] 金兵：《论近代苏州通商场的变迁》，《苏州大学学报》（哲学社会科学版）2007年第6期，第92页。

图 3-13 《姑苏繁华图》之阊门（局部）

图 3-14 《姑苏繁华图》中阊门外的点翠商铺

续中暹之间的贸易[1]。地方志提到苏州翠花行业从广东进货,可能是旧的贸易虽然衰微,但是中国帆船仍继续保持与包括暹罗在内的东南亚国家贸易的缘故。另外,由于"测"字为寿康宫文物的补号,而寿康宫为宫廷女眷晚年的居住地,慈禧太后晚年曾在寿康宫小住,故不排除这批头面与生活于寿康宫的妃嫔有关。

---

1 吴汉源:《朝贡与利润——1652—1853年的中暹贸易》,王杨红、刘俊陶、吕俊昌译,社会科学文献出版社,2021,第274—276页。

图3-[5] 《姑苏繁华图》(局部)
阊门一侧城墙内外的商业景象

第二节 广州：珍奇多聚的大兴街

目前有 4 组 50 套清宫旧藏点翠首饰，其来源地可追溯到广州，且来源商号与广东传统的奢侈品街市大新街关系紧密。

这 4 组编号为"故 71512""故 71513""故 71514""故 71515"。其中在"故 71512"编号下，有 16 套点翠双喜纹头面；在"故 71513"编号下（图 3-16），有 10 套点翠钱纹头面；在"故 715114"编号下，有 14 套点翠盘肠纹头面；在"故 71515"编号下，有 10 套点翠盘肠纹头面。

这 50 套点翠纹饰不同，但包装规格大体一致，皆是将点翠头面缝在红色的硬衬纸上，再用白色纸包卷好。（图 3-17、图 3-18）这 4 组点翠头面在清室善后委员

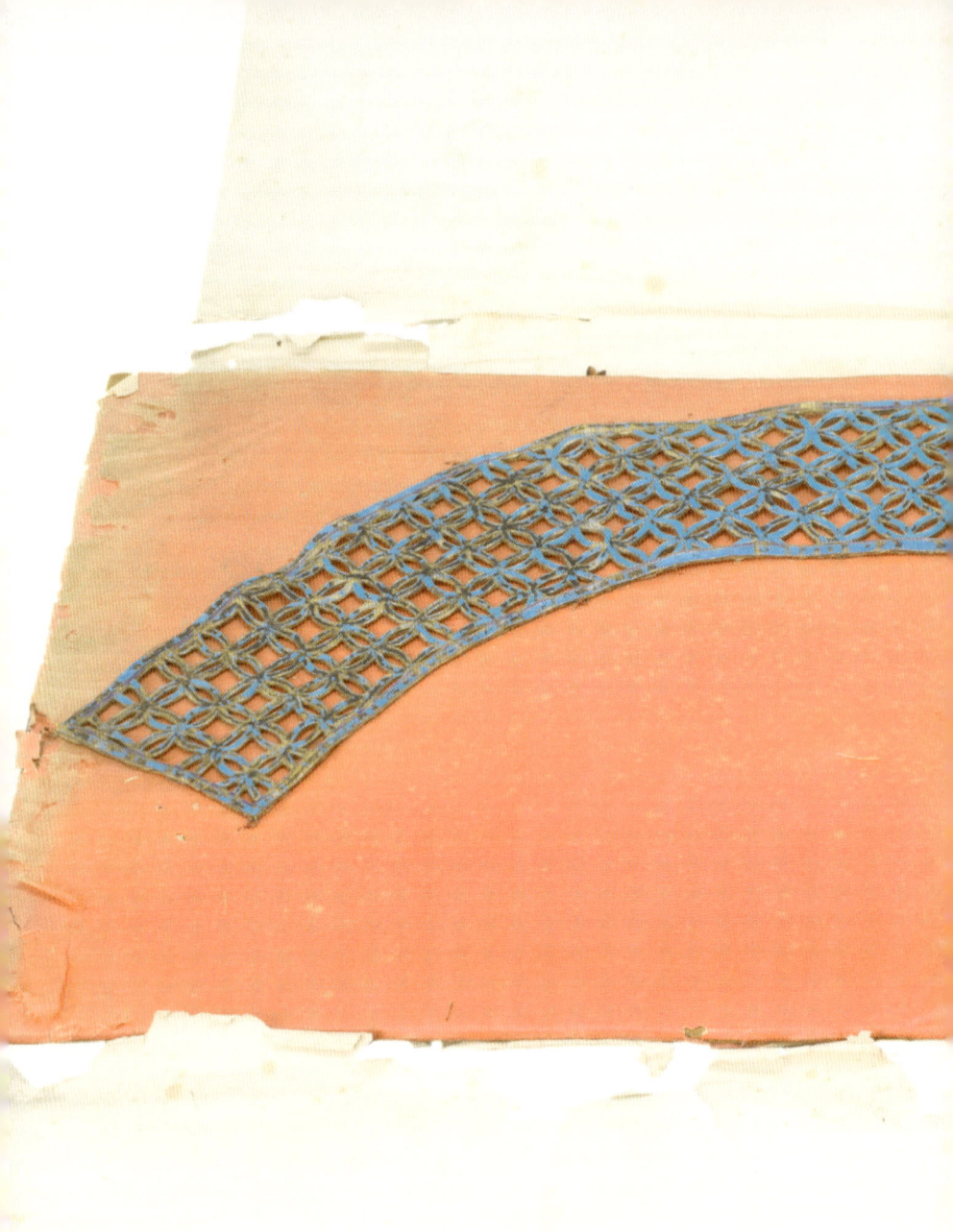

图 3-16　点翠钱纹头面
　　长头面　横 75 厘米　纵 7 厘米
　　圆头面　横 27 厘米　纵 17 厘米

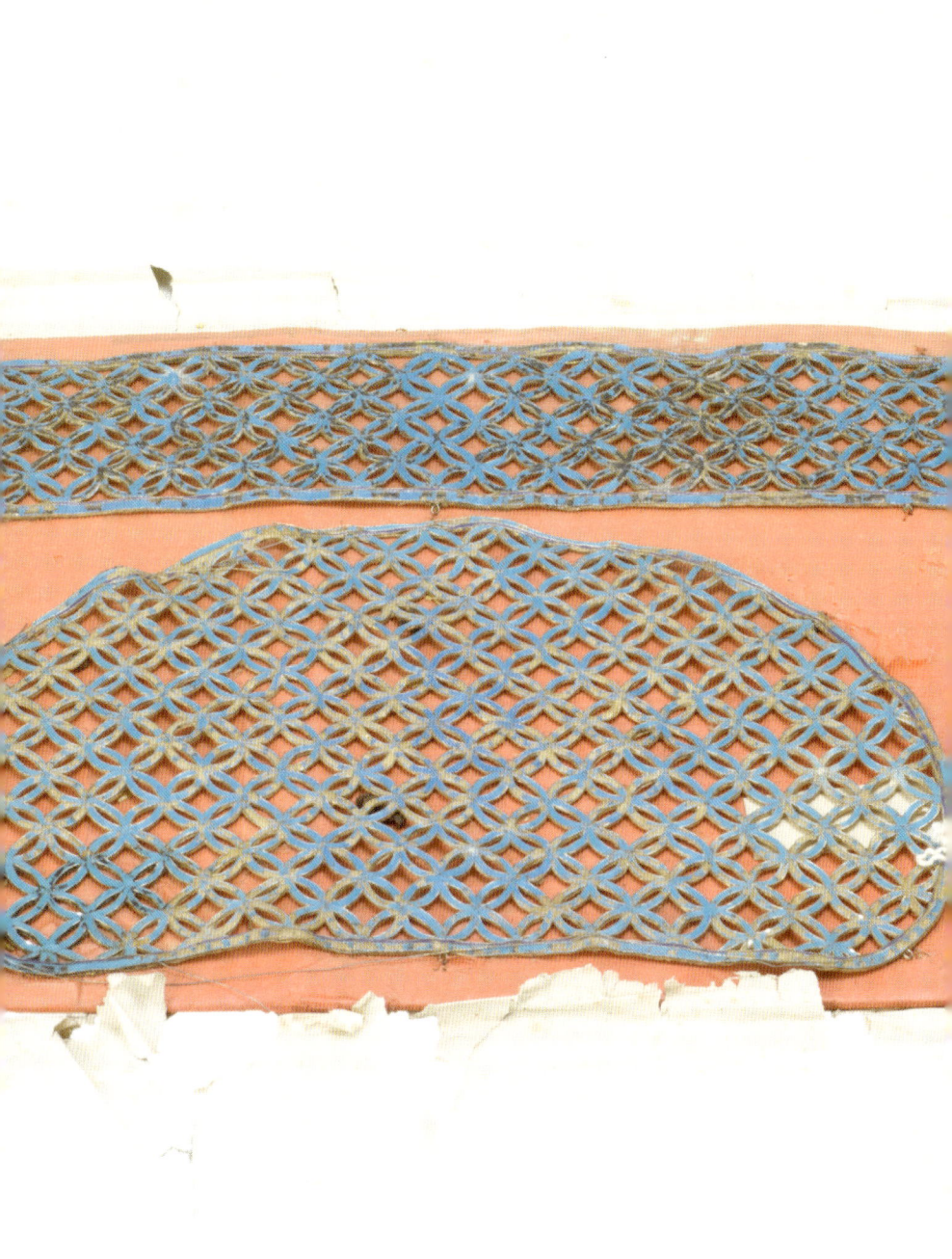

图 3-17 点翠团寿纹头面
纸板横 76.5 厘米 纵 25 厘米

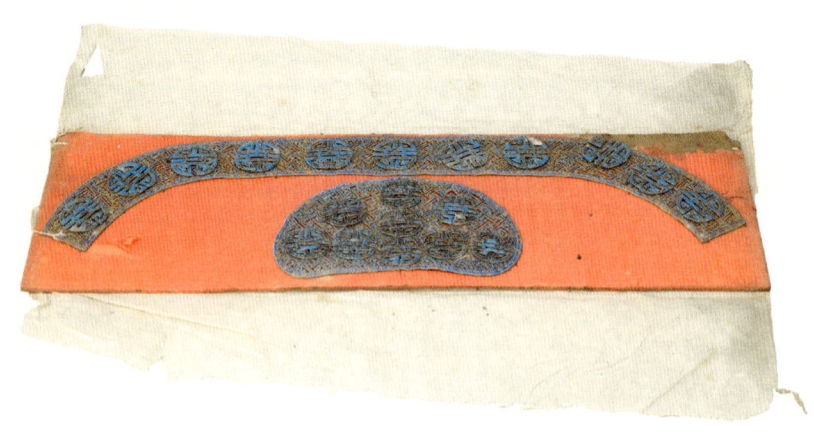

图 3-18 点翠团寿纹头面
长头面 横 75 厘米 纵 7 厘米;
圆头面 横 27 厘米 纵 17 厘米

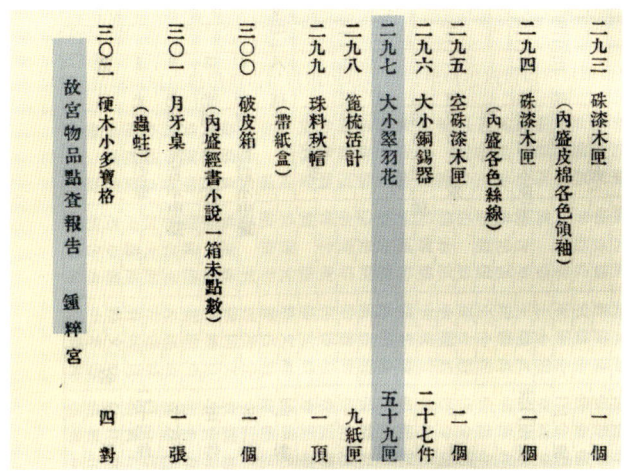

图3-19 《故宫物品点查报告》中的"调字二九七号"

会点查时留有编号,皆为"调字二九七号"。根据《故宫物品点查报告》,这4组点翠头面原先一起存放于钟粹宫后殿,当时总共有五十九匣(图3-19)。[1] 这4组都采用白色包装纸卷裹的方式进行保存,很可能产自一地。其中有部分白色包装纸上印有红色商标戳记,上面写有商号的相关信息(图3-20):

---

[1] 清室善后委员会编《故宫物品点查报告·第二编·第四册》卷二,北京故宫博物院,1929,第123页。

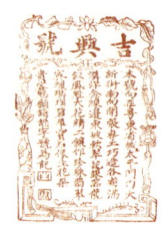

外包装纸上的商标戳记

图 3-20　点翠钱纹头面
　　　　纸板横 76.5 厘米　纵 25 厘米

> 吉兴号：本号向在粤东省城太平门内大新街南向开张，专工巧造各省满汉洋金线边东坡软翠花银器龙钗凤冠大花，精工镶作珍珠翡翠蜜蜡玛瑙碧犀宝石像生花朵，贵客赐顾，请认字号为记。

商标戳记上提到的珠宝商号所在地位于太平门内的大新街。而各种文献表明，大新街是广州城内各奢侈品商号聚集之地。太平门位于广州城西南角，紧邻珠江，靠近贸易码头，因此利于四方万国的货物交流。太平门内的大新街借位置的便利，成为各种奇珍宝货的聚集地。（图3-21、图3-22）

清初诗人王时宪在《广州竹枝词》中有一段描述了大新街百货聚集的场面：

> 太平门里大新街，百货成堆似土灰。[1]

清中诗人叶詹岩《广州杂咏》中描述大新街：

> 珍奇多聚大新街，翡翠明珠次第排。[2]

清代中期诗人赵洇在关于广州风貌的诗作《羊城行》中，对大新街有如下描摹：

---

[1] [清]王时宪：《性影集》卷八，清康熙五十年高玥刻本，第15页。
[2] [清]黄培芳：《香石诗话》卷二，清嘉庆十五年岭海楼刻嘉庆十六年重校本，第26页。

图 3-21 清乾隆《广州鸟瞰图》
太平门、大新街方位系笔者标注 大英图书馆藏

> 翡翠文犀随处有，明珠琥珀不论钱。
> 大新街去濠畔落，外江贾客声相错。[1]

清末的竹枝词也对大新街有这样的描述：

> 才入波斯便不同，珍奇多聚大新东。
> 一枝斜傍鸳鸯好，翡翠珊瑚绿衬红。[2]

这些描述大新街的诗句都称这条街聚集各种奇珍，珊瑚、明珠、琥珀、文犀，而翡翠在三首诗中皆作为奇珍被提及，翠鸟毛作为自东南亚进口的异物，出现在清代对东南亚贸易重镇广州的主要商业街市上，是自然而然的事情。此外，在销售这批首饰的吉兴号商标上，写有其销售范围包括珍珠、蜜蜡、碧犀，也在上述诗文中出现。在清代广州的大新街，如吉兴号售卖点翠首饰的店铺应当不会少，可能会接近诗文描述的"次第排""随处有"的情形，而清宫藏的这50套点翠头面，则是清代广州繁荣的大新街所聚珍奇的实物例证。

如果《吴县志》记载的苏州"翠毛来自广东"的情形无误的话，即来自广东的翠鸟毛既然能供应苏州，那么应该也能供应本地的珠宝商、翠花行制作首饰，或许在中暹贸易衰落的晚清，广东的首饰经销商仍然能用到

---

[1] [清]沈季友：《槜李诗系》卷二八，清乾隆文渊阁四库全书钞浙江巡抚采进本，第4页。
[2] 雷梦水、潘超、孙忠铨、钟山主编《中华竹枝词》，北京古籍出版社，1997，第2973页。

图 3-22 《珠江风貌》（局部）
皮博迪·埃塞克斯博物馆藏

来自暹罗的翠鸟毛。

考虑到钟粹宫原先为慈安皇太后的居所，因此推测这批点翠头面原先的主人可能为慈安皇太后，点翠头面由官员自广州采购之后，送入北京的宫廷为慈安皇太后所使用。

第三节 北京：遍布全城的商圈、新旧并存的商号

北京的银楼出售的首饰以精湛的点翠工艺而出名，光绪《顺天府志》形容"翠花，按取翠鸟羽毛为之，京师翠花最著名"[1]。

因为北京为宫廷所在地，所以对于宫廷来说，这里是最便捷的点翠首饰采购地。目前可以找到6件清宫旧

---

1 [清]张之洞：《顺天府志》卷五十，周家楣修，清光绪十五年重印本，第28页。

藏使用点翠的首饰，根据其簪铤上錾刻的商标戳记，可辨认出这些首饰来自北京的哪家银楼。另有40件首饰虽然没有商号戳记，但是和这6件首饰同置于一个包装盒内，可以推测它们与这6件首饰来自同一商家，且在同一批次买入。从这批点翠首饰可以看出，宫廷收藏的点翠首饰采购地呈现出遍布全城的特点，清代宫廷对京城各商圈的点翠首饰皆有采购活动。同时，还可由清宫旧藏首饰的商号看出，宫廷采购首饰的商号新旧并存。其中最古老者，可以追溯到乾隆年间，新者则开业于19世纪末至20世纪初。因此可以说清宫旧藏中采购于北京的点翠首饰，呈现出商圈遍布全城、商号新旧并存的特点。

在这6件使用翠毛装饰的首饰中，一件名为"银镀金万寿永庆纹头簪"（图3-23），簪铤上錾有"元吉足纹"戳记，可知其商号为"元吉楼"。根据这件首饰"为字二六〇号"的点查登记号追索（图3-24），可知清室善后委员会点查清宫时，在咸福宫的同道堂西里间，点出了"翠花假珠等七十件"，皆放在黄纸包装盒中。[1]这件带有"元吉楼"记号的簪子为其中之一。目前故宫博物院尚存有7件当初与该簪子一同放置于黄纸包装盒中的点翠首饰，可能同系元吉楼制作，被购入后存放于一处。这批首饰的生产商元吉楼的历史可以追溯到乾隆

---

[1] 清室善后委员会编《故宫物品点查报告·第三编·第一册》卷二，北京故宫博物院，1929，第11页。

图 3-23　银镀金万寿永庆纹头簪
　　　　簪花横 11.5 厘米　纵 4 厘米　通长 20 厘米

款识为"元吉足纹"

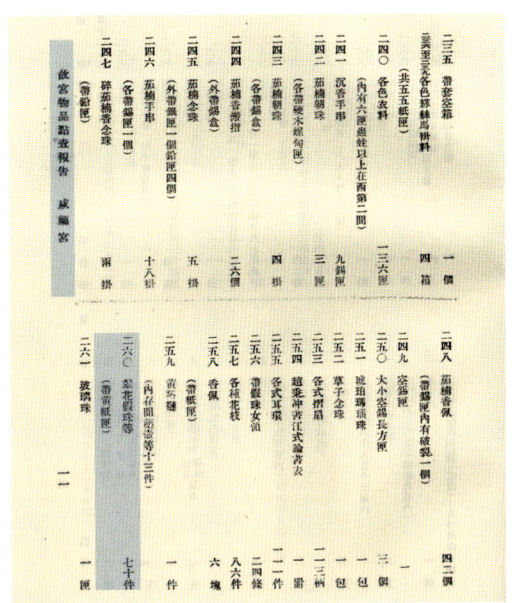

图 3-24 《故宫物品点查报告》中的"为字二六〇号"

二十三年（1758）之前。乾隆二十三年刊刻的潘荣陛所撰写的笔记《帝京岁时纪胜》，其中的"皇都品汇"条目中如此描写北京：

> 汇万国之车书，聚千方之玉帛。帝京品物擅天下以无双，盛世衣冠迈古今而莫并。金银宝饰开敦华、元吉之楼，彩缎绫罗置广信、恒丰之号。[1]

可见售卖珠宝首饰的元吉楼也被列出作为北京汇集天下珍宝的例证，而这件银镀金万寿永庆纹头簪也是清

---

1 [清]潘荣陛：《帝京岁时纪胜》卷一，清乾隆二十三年刻本，第45页a。

宫旧藏点翠首饰中，来源商号可追溯的年代最早者。清宫旧藏其他点翠首饰，其商号均无如此古老者。

表9　故宫博物院藏点翠首饰及其涉及的北京银楼商号[1]及可能地址[2]

文物名	一同存放的首饰	商号	可能地址	存放位置
八成金点翠嵌宝石碧玺蝴蝶花卉纹钗	碧玺翠花	义和楼	兴隆街、西四牌楼北大街	储秀宫陈设有一檀木大柜，内有各种装有首饰的黄纸匣子，其中一个匣子里存有"珠花九枝，带镀金脚"
	碧玺翠花			
	碧玺镶宝石花			
	碧玺镶宝石花			
	碧玺穿珠花			
	珊瑚点翠穿珠花			
	碧玺点翠穿珠花			
	珊瑚点翠嵌珠花			

1　陈志高：《中国银楼与银器·华北东北》，清华大学出版社，2015，第56页、第57页、第62页、第64页、第69页、第73页。
2　根据陈志高在《中国银楼与银器·华北东北》一书中收集的资料，同一商号名称可能出现不同商人在不同地方开设的情况。目前故宫博物院藏点翠首饰上仅仅錾有商号戳记，如果商号出现同名情况，该名称下的哪家商号都有可能是首饰的出处，因而在此处将同名商号的地址都罗列进表中。

(续表)

文物名	一同存放的首饰	商号	可能地址	存放位置
嵌珠珊瑚蝙蝠花卉纹簪	翠残耳挖	宝华楼	护国寺街西、劝业场二楼北首	太极殿内陈设有一硬木大柜，大柜内存放有各种首饰，其中有一批"各种首饰五四件"存放在一起
	金镶宝石花簪			
	金镶银点翠凤			
	金点翠挑杆			
	金点翠挑杆			
	金点翠挑杆			
	金点翠挑杆			
	金点翠挑杆			
	碧玺花卉纹簪			
	铜镀金点翠凤纹簪			
	银镀金点翠嵌玉石花卉纹簪			
	银镀金嵌珊瑚簪			
	银镀金嵌石广片蝴蝶纹簪			
	银镀金嵌石广片蝴蝶纹簪			
	银镀金点翠嵌料鳌龙形簪			
	银镀金嵌宝石蝴蝶纹簪			

（续表）

文物名	一同存放的首饰	商号	可能地址	存放位置
红宝石点翠穿珠花		志成楼	东安市场西街48号	西六宫各处，具体地点未知
银镀金嵌宝石蝴蝶纹簪		聚华楼	东四牌楼北大街	永寿宫后殿放有木箱一个，木箱内存放有为数众多的首饰
点翠嵌宝石花	点翠嵌宝石花	聚德楼	花市西大街51号	储秀宫内存放有檀木大柜一个，柜内有纸匣一个，纸匣内有"红白扣珠点翠花十一件，又小纸包一个，内盛小翠桃一个红宝石三块"
	点翠嵌宝石花			
	点翠嵌宝石花			
	点翠嵌宝石花			
	点翠嵌宝石花			
	点翠穿珠花			
	点翠穿珠花			
	点翠穿珠花			
	点翠穿珠花			
	镀金耳挖			
	银镀金万寿永庆纹头簪			

（续表）

文物名	一同存放的首饰	商号	可能地址	存放位置
银镀金串珠蝴蝶纹簪	银镀金花卉纹簪	元吉楼	北京	咸福宫，同道堂西里间，存放"翠花假珠等七十件"，带有黄纸匣子
	银镀金万寿永庆纹头簪			
	银镀金串珠花卉纹簪			
	银镀金串珠凤纹簪			
	银镀金嵌料石三多纹簪			
	银镀金串珠蝴蝶纹簪			

根据陈志高在《中国银楼与银器·华北东北》一书中罗列的统计资料，故宫博物院收藏的这批点翠首饰中戳记所显示的商号，除元吉楼之外，其他商号在档案文献中出现的时间都相对较晚，主要集中于19世纪末20世纪初，故推测这些晚开商号首饰制作时间在清末。从地域分布来看，这些银楼涉及了北京几个传统银楼集中的商圈和一处20世纪初的新兴商业区[1]。（图3-25）

---

[1] 陈志高：《中国银楼与银器·华北东北》，清华大学出版社，2015，第6页。

图 3-25　中东石印局 1914 年印《北京地图》（局部）
　　　　银楼位置系笔者标注

嵌珠珊瑚蝙蝠花卉纹簪（图3-26）可能来自前门外珠宝市劝业场的宝华楼分号。前门外自明代已成为北京商铺云集之处，而其中廊房头条、廊房二条、珠宝市、西河沿则是经营珠宝首饰的商户集中地。清末北京城的消费指南《朝市丛载》记载：

> 京师最尚繁华，市面里铺户装饰富甲天下，如大栅栏、珠宝市、西河沿、琉璃厂之银楼缎号，以及茶叶铺、靴铺皆雕梁画栋，皆金碧辉煌，令人目迷五色。[1]

李氏所举的几处银楼集中地皆在前门外，书中写到关于首饰的购买地址时，也建议"翠花：在前门外西河沿内首饰楼""珠花：在前门外珠宝市内金珠店"[2]，此二处街道均在前门外商圈。

故宫博物院还有一件名为"红宝石点翠穿珠花"（图3-27）的首饰，其上有"聚德足纹"戳记。依据"霜字五六三号分22号"的点查编号进行追溯（图3-28），可知当年清室善后委员会点查清宫时，在储秀宫内清点了一个檀木大柜（图3-29）。在柜子里点出一纸质包装匣，纸匣内有"红白扣珠点翠花十一件，又小纸包一个，内盛小翠桃一个、红宝石三块"。[3] 该红宝石点翠穿珠

---

1 [清]李虹若：《朝市丛载》卷四，清光绪刊本，第1页a。
2 [清]李虹若：《朝市丛载》卷五，清光绪刊本，第3页a。
3 清室善后委员会编《故宫物品点查报告·第三编·第三册》卷一，北京故宫博物院，1929，第27页。

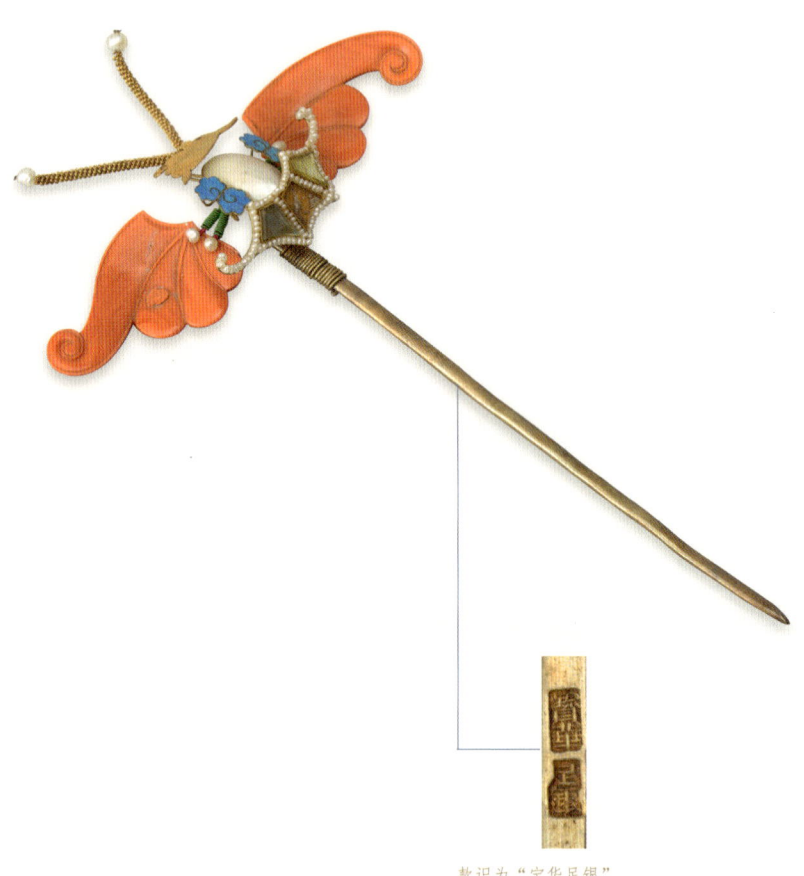

款识为"宝华足银"

图 3-26　嵌珠珊瑚蝙蝠花卉纹簪
　　　　簪花横 11.5 厘米　纵 4 厘米　通长 20 厘米

款识为"聚德足纹"

图 3-27　红宝石点翠穿珠花
簪花横 15 厘米　纵 4 厘米　通长 20 厘米

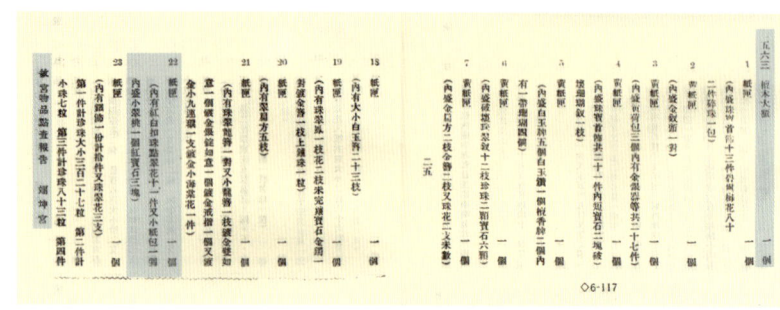

图 3-28 《故宫物品点查报告》中的"霜字五六三号分 22 号"

图 3-29 檀木大柜 故宫博物院藏

花便是储秀宫檀木大柜内包装匣中的一件首饰。目前故宫博物院尚有11件点翠首饰，点查编号皆是"霜字五六三号分22号"，可知在点查之时一起放置在同一包装匣内，因此可能与该红宝石点翠穿珠花都来自聚德楼。聚德楼旧址在花市西大街51号（图3-25）。

崇文花市为清代南城以金银珠玉交易流通为核心的商贸中心。光绪年间北京旗人震钧关于京师的笔记《天咫偶闻》提到过花市的繁华：

> 京师百货所聚，惟正阳门街（图3-30）、地安门街、东西安门外、东西四牌楼、东西单牌楼暨外城之菜市、花市……苟及其时，则张棚列肆，堆若山积，卖之数日，而尽无余者，足见京师用物之宏。[1]

根据点翠技艺传承人肖广春回忆，近代花市有三大专门经营点翠的店铺：协兴隆、宝兴斋和名盛泰[2]。这件红宝石点翠穿珠花以及同在纸匣中的另外11件点翠首饰虽然不是来自这三家有名的点翠店铺，但销售它的聚德楼应该与那三家店铺相去不远。

此外，一件名为"银镀金嵌宝石蝴蝶纹簪"（图3-31）的首饰上打有"聚华"戳记，可知销售商为聚华楼。聚华楼位于北京东四牌楼一带。根据这件文物"金

---

[1] [清]震钧：《天咫偶闻》卷十，清光绪甘棠精舍刻本，第14页a。
[2] 韩澄：《北京传统首饰技艺传承研究》，中央民族大学博士学位论文，2011，第47页。

图 3-30 《京师生春诗意图》轴(局部)
清乾隆时正阳门大街、五牌楼、紫禁城、琼岛、天坛、祈年殿等京师建筑全貌
故宫博物院藏

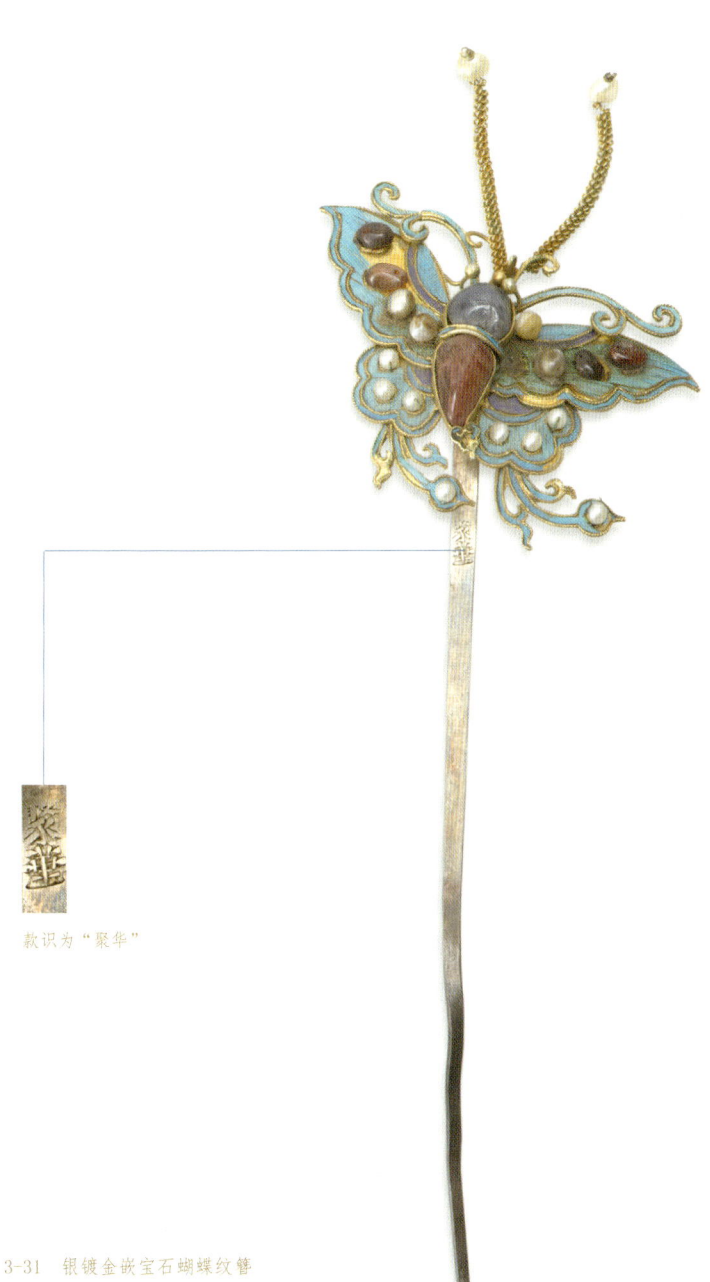

款识为"聚华"

图 3-31　银镀金嵌宝石蝴蝶纹簪
　　　簪花横 4.5 厘米　纵 6.7 厘米　通长 20 厘米

字一五四〇"的点查编号进行追溯,可知清室善后委员会点查清宫时,在永寿宫后殿清理了木箱一个,箱内首饰总数达 520 件。[1] 此银镀金嵌宝石蝴蝶纹簪为其中之一。考虑到永寿宫在清末曾作为存放过世皇帝及宫廷女眷遗物的场所,这批共 520 件的首饰可能为宫廷女眷去世后收集储藏起来的遗物,由于箱内的这批首饰风格差异过大,故而无法确定是否属于同一商家。

另有一件名为"八成金点翠嵌宝石碧玺蝴蝶花卉纹钗"(图 3-32)的首饰上打有"义和"商号戳记,据此推断其销售商为义和楼。根据其"霜字五六三号分 17 号"的点查编号追溯(图 3-33),[2] 这件首饰同样清点自前文提到的储秀宫檀木大柜(图 3-26)。在清点柜内物品时,点出一个包装匣子里存有"珠花九枝,带镀金脚",这件"八成金点翠嵌宝石碧玺蝴蝶花卉纹钗"就是其中之一。目前故宫博物院还藏有该包装盒所藏另外 8 件首饰,点查编号同为"霜字五六三号分 17 号",应该也出自义和楼。义和楼在西四北大街。东四、西四均是旧时北京内城之中的商业繁华地带。在震钧的笔记中,"东西四牌楼"也是百货所聚之地。

---

1 清室善后委员会编:《故宫物品点查报告·第三编·第五册》卷三,故宫博物院,1929,第 67—83 页。
2 清室善后委员会编:《故宫物品点查报告·第三编·第三册》卷一,故宫博物院,1929,第 25—26 页。

款识为"义和"

图 3-32 八成金点翠嵌宝石碧玺蝴蝶花卉纹钗
簪花横 10 厘米 纵 7 厘米 通长 23 厘米

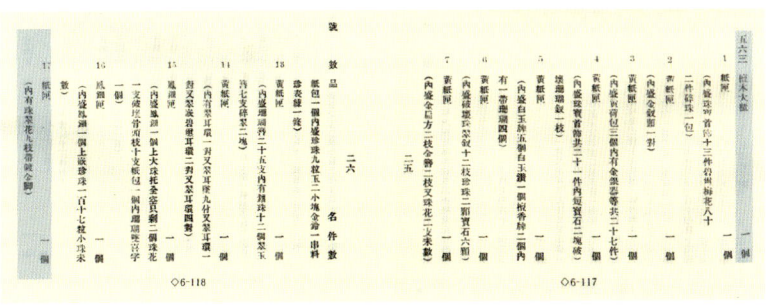

图 3-33 《故宫物品点查报告》中的"霜字五六三号分 17 号"

还有一件名为"银镀金点翠嵌料錾龙形簪"（图3-34）的首饰，在簪铤处打有"志成""足纹"字样的戳记，其商号为志成楼。这件首饰原先在宫廷中的存放地址已经失考，仅可根据其"冀字二〇五号"的参考号推知这件首饰原存放于西六宫，可能是当年生活在西六宫的宫廷女眷的遗物。志成楼位于东安市场。东安市场是光绪二十七年（1901）后开业的繁华市场，包括珠宝首饰在内的各式百货一应俱全。写于宣统年间的《京华百二竹枝词》如此形容东安市场：

> 新开各处市场宽，买卖随心不费难。
> 若论繁华首一指，请君城内赴东安。[1]

东安市场开业的时间偏晚，因此推测这件银镀金点翠嵌料錾龙形簪的制作时间也是在光绪后期至宣统时期。

通过以上故宫博物院藏的点翠首饰所附商标，追溯其来源地，可知主要来自北京、苏州和广州这三个城市。如果继续研究这批首饰销售商号的铺面位置，可以发现主要在城市的传统商圈。有的商圈延续了数个世纪的繁华历史，例如北京的前门外、苏州的阊门自明代就已经

---

[1] 袁熹：《近代北京商业格局及商业设施变迁研究》，载北京市社会科学院历史研究所《北京建都850周年国际学术研讨会论文集》，北京燕山出版社，2005，第254页。

款识为"志成""足纹"

图 3-34 银镀金点翠嵌料錾龙形簪
簪花横 4 厘米　纵 10.2 厘米　通长 15 厘米

是城内的商业中心,而广州的大新街在清初也已成为百货奇珍的销售之地。有的首饰来自清末新兴的商业中心,如20世纪初因为新开马路繁华起来的苏州胥门和1903年开业的北京王府井东安市场。这些商号的开业时间呈现早晚并存的特点,如元吉楼在乾隆时期就已出名,而志成楼的开业时间则在20世纪初。

结合地方志资料,则可推知这些点翠首饰的翠鸟毛来源地,更为多样。其中部分首饰来自苏州,如果民国《吴县志》记载的"翠毛来自广东"无误的话,那么很可能是承传统中暹贸易衰落之余绪,继续从广州获取东南亚的翠鸟毛。但必须注意,清末传统的中暹贸易衰落之后,在部分地方志中可以看到中国本土的捕猎翠鸟生意开始兴起。民国时期修纂的《大竹县志》称:

> 翡翠古名鹬,今呼打鱼雀,或曰鱼狗,喙长脚短,翡雄而赤,翠雌而青,惟翠色可饰……清道、咸间猎户设罔网,得,取其背羽售之珠翠店,镶嵌剪贴争巧斗奇。近妇女首饰尚金玉,更无业此者矣。[1]

在同治《巴陵县志》中也提道:

> 翡翠鸟羽制翠花,能增金玉之色,一名鱼

---

[1] [清]陈布武:《大竹县志》卷十二,郑国翰修,民国十七年铅印本,第14页。

> 虎……以纲取之，摘其背毛，仍放去。每年四月，远近打翠郎齐集邑之白杨田做翠会，湘汉翠店乘此购焉。[1]

值得注意的是，《大竹县志》提到该地对翠鸟的捕猎活动兴起于道咸之后，而嘉庆年间修纂的《巴陵县志》也并未提及当地捕猎翠鸟的行业，到了同治年新修县志时，就开始记叙每年四月打翠郎在当地捕翠售卖给湘汉的翠店之事，由此推测巴陵地区的捕翠兴起也是在嘉庆之后、同治之前的道咸时期，而这一时期，恰恰是传统的中暹贸易持续衰落，清朝前中期来自暹罗的翠鸟毛供应链受影响之时。

以目前所掌握的材料，只能推测这批晚清的经点翠装饰的首饰，其翠鸟毛来源可能是东南亚或中国本土，但是都被制作成首饰成品，通过零售商贩卖进入宫廷。

---

[1] [清]方功渤：《巴陵县志》卷十一，严鸣琦修，清同治十一年刻本，第22页。

西四牌楼北大街
义和楼

八成金点翠嵌宝石碧玺蝴蝶花卉纹钗

正阳门

嵌珠珊瑚蝙蝠花卉纹簪
前门外地区
宝华楼分号

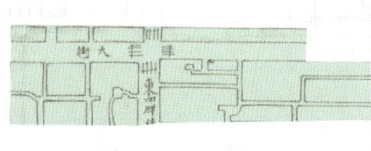

东四牌楼北大街
聚华楼

银镀金嵌宝石蝴蝶纹簪

东安市场西街48号
志成楼

银镀金点翠嵌料整龙彩簪

花市西大街51号
聚德楼

红宝石点翠穿珠花

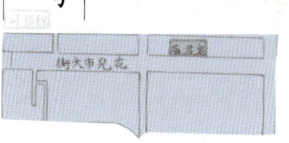

北京点翠销售商号分布图（局部）
同治四年（1865）北京地理全图

后记

写下这篇后记的时候，文华殿前的海棠花开得正是浓烈。岁岁年年花相似，时间仿佛凝固在这座紫禁城中，一转眼，申请《清代宫廷点翠首饰研究》课题已经是十多年前的事情了。忙忙碌碌的库房工作，一场又一场不断的展览，总是想在一个宁静的午后，提笔写下一本书精彩的开篇，但现实却是在工作、生活的间隙，利用夜晚和周末，一点一滴地去完成书稿，如有错谬之处还望诸位读者指出。

一本书的诞生，离不开作者，更离不开一位不断鼓励作者的编辑老师。非常感谢出版人李斌老师及其团队，为这本书的面世所付出的心血！同时，也非常感谢故宫博物院宫廷历史部主任严勇老师对这本书的支持！回看来时路，感谢每一位帮助、鼓励、支持我们写作的人！

文华殿前的海棠花终是留不住春天，我们却想用一本书好好地讲讲那些曾经在春风里摇曳的点翠首饰。希望这本小书，能为喜爱中国传统首饰、喜爱点翠首饰的朋友带去一点点小喜悦，偷得人生半日闲。